.

RÉFLÉCHISSEZ ET DEVENEZ RICHE

NAPOLEON HILL

Réfléchissez et devenez riche by Napoleon Hill
Traduction de : Think and Grow Rich by Napoleon Hill

© Copyright 2012, BN Publishing
info@bnpublishing.com
Traduction francaise, Y. Klein

Siti internet
www.bnpublishing.com

TABLE DES MATIERES

INTRODUCTION

Dans tous les chapitres de ce livre, il est question du secret qui apporta la fortune à des centaines d'hommes sur la vie desquels je me suis longuement penché

C'est Andrew Carnegie qui, au début du XXe siècle, attira mon attention sur cette question. Je n'étais qu'un étudiant lorsque l'adorable vieil Écossais aux cheveux blancs me parla, une lueur de joie dans les yeux, essayant de voir si j'avais compris la pleine signification de ce qu'il m'avait dit. Quand il vit que oui, il me demanda si j'étais disposé à livrer pendant 20 ans ou plus son secret aux hommes et aux femmes qui, sans cela, risquaient d'accumuler les échecs dans leur vie. Je répondis que je l'étais et, avec son aide, je tins mon engagement.

L'idée de M. Carnegie était de mettre la formule magique, celle qui lui avait fait gagner une magnifique fortune, à la portée de tous ceux qui n'avaient pas le temps de la chercher ; il espérait que je pourrais l'essayer et la corroborer avec les expériences d'hommes et de femmes de professions et de milieux très différents. Il voulait que la formule fût étudiée dans les écoles publiques et à l'université et déclara que, bien enseignée, elle révolutionnerait tout le système éducatif, car le temps passé à l'école pourrait être réduit de moitié.

Des histoires vraies témoignent du pouvoir extraordinaire de ce secret.

Dans le chapitre sur la foi, vous découvrirez comment un homme a mis sur pied la géante United States Steel Corporation sur la base de la formule d'Andrew Carnegie. Cette formule convient tous ceux qui s'y sont préparés. Sa seule application rapporta à cet homme 600 millions de dollars.

Ces faits, confirmés par tous ceux qui ont connu M. Carnegie, vous donnent une idée exacte de ce que vous gagnerez à lire ce livre si vous savez ce que vous voulez.

Ce secret fut dévoilé à des milliers d'hommes et de femmes pour leur plus grand bien, comme l'avait voulu M. Carnegie. Certains ont acquis une fortune, d'autres ont retrouvé la sérénité dans leur foyer.

Arthur Nash, tailleur à Cincinnati, testa la formule sur sa propre entreprise, au bord de la faillite. Sans tarder, elle prospéra et lui avec. Elle reste aujourd'hui florissante bien que M. Nash ne soit plus de ce monde. Son redressement avait été à tel point spectaculaire que les journaux et les revues en avaient abondamment parlé, lui faisant une publicité gratuite valant plus d'un million de dollars !

Le secret auquel je fais allusion est rapporté plus de 100 fois dans ce livre, mais indirectement, car il semble qu'il agisse d'autant mieux qu'il n'est pas totalement dévoilé ; ceux qui sont prêts à l'adopter le trouveront, s'ils se donnent la peine de le chercher. C'est pourquoi M. Carnegie, quand il me parla, ne m'en précisa jamais le nom.

Le secret parle à celui qui l'écoute

Si vous êtes prêt à l'utiliser, vous découvrirez ce secret plus d'une fois par chapitre. Comment savoir que vous êtes prêt ? J'aurais aimé vous le dire, mais cela vous priverait d'une grande partie du bénéfice d'une découverte personnelle.

Si vous avez été découragé, si vous avez échoué à surmonter des difficultés, si vous avez été diminué par la maladie ou par un handicap physique, le récit de la découverte de mon fils et de son utilisation de la formule de Carnegie vous prouvera qu'elle est l'oasis vainement cherchée dans le désert des espoirs perdus.

Ce secret, le président Wilson l'utilisa largement durant la Première Guerre mondiale. Il était caché dans l'entraînement que chaque soldat reçut avant de partir pour le front. Le président Wilson me confia qu'il fut d'une aide très précieuse lorsqu'il fallut trouver les fonds nécessaires à la guerre.

Il est un fait singulier concernant ce secret : ceux qui le connaissent et l'utilisent sont irrémédiablement entraînés vers le succès. Si vous ne me croyez pas, copiez les noms de ceux qui s'en sont servis et qui sont cités dans ce livre et vous en serez convaincu. Avoir quelque chose gratuitement, est-ce possible ?

Ce secret ne s'acquiert que si l'on en paie le prix, très peu cher en comparaison de sa valeur. Ceux qui ne le cherchent pas ne l'obtiendront jamais. Il ne peut être ni vendu, ni acheté. On l'acquiert en deux étapes et être prêt à le recevoir est la première. Il les sert sans discrimination, indépendamment de tout niveau d'instruction. Bien avant que je sois né, Thomas A. Edison acquit ce secret et l'utilisa avec tant d'intelligence qu'il devint le plus grand inventeur du monde alors qu'il n'avait été que trois mois à l'école. Edwin C. Barnes, l'associé d'Edison, en fit si bien usage qu'il fut rapidement à la tête d'une énorme fortune et se retira des affaires alors qu'il était encore jeune. Vous trouverez son histoire au début du premier chapitre. Elle devrait vous convaincre que la richesse peut être vôtre. Vous pouvez encore devenir celui que vous avez rêvé d'être ; l'argent, la célébrité et le bonheur sont accessibles à tous ceux qui sont prêts et décidés à les acquérir.

Comment sais-je tout cela ? Je réponds à cette question dans le premier chapitre de ce livre ou également la dernière page !

Pendant les 20 ans de recherches que j'ai effectuées à la demande de M. Carnegie, j'ai questionné des centaines de personnages célèbres et nombreux furent ceux qui m'avouèrent qu'ils avaient acquis leur fortune grâce au secret de Carnegie, notamment:

Henry Ford — King Gillette — William Wrigley Jr — Ralph A. Weeks — John Wanamaker — Le juge Daniel T.

Wright — James J. Hill — John D. Rockefeller — George S.
Parker — Thomas A. Edison — E.M. Statler — Frank A. Van-
derlip — Henry L. Doherty — F. W. Woolworth — Cyrus H.
K. Curtis — Col. Robert A. Dollar — George Eastman —
Edward A. Filene — Charles M. Schwab — Edwin C. Barnes
— Harris F. Williams — Arthur Nash — Dr Frank Gunsaulus
— Theodore Roosevelt — Daniel Williard — John W. Davis
— Elbert Hubbard — Elbert H. Gary — Wilbur Wright —
Clarence Darrow — William Jennings Bryan — Dr Alexan-
der Graham Bell — Dr David Starr Jordan — John H. Pat-
terson — J. Odgen Armour — Julius Rosenwald — Arthur
Brisbane — Stuart Austin Wier — Woodrow Wilson — Dr
Frank Crâne — William Howard Taft — George M. Alexan-
der — Luther Burbank — J. G. Chapline — Edward W. Bok
— Le sénateur Jennings Randolph — Frank A. Munsey

Ces noms ne sont que quelques-uns des centaines d'Américains célèbres qui comprirent et appliquèrent le secret de
Carnegie. Je n'ai jamais entendu dire qu'il a conduit quelqu'un
à un échec et personne n'a jamais réussi, ou fait fortune, sans
l'appliquer. C'est dire combien il est essentiel et plus important que n'importe quelle connaissance que l'on peut acquérir par ce qui est communément appelé «l'instruction». Au
fait, qu'est-ce que l'instruction? Je réponds à cette question
en détail.

Le tournant de votre vie

Si vous êtes préparé à le recevoir, le secret jaillira inévi-
tablement de votre lecture et vous apparaîtra, bien visible.
Vous le reconnaîtrez immédiatement. Cet instant sera alors
le tournant de votre vie.

Rappelez-vous que ce livre rapporte des faits réels et non
une fiction, et que son but est de dévoiler une vérité universelle qui apprendra à tous ceux qui s'y sont préparé ce qu'il

faut faire et comment il faut le faire ! Ils en retireront également le stimulant indispensable à un bon départ.

Pour terminer cette présentation, j'aimerais encore vous dire afin que vous reconnaissiez plus facilement le secret de M. Carnegie, que toute réussite et toute fortune commencent par une idée ! Si vous êtes prêt à recevoir le secret, vous en possédez déjà la moitié ; le moment venu, vous reconnaîtrez aisément l'autre moitié.

CHAPITRE 1

Une pensée est un fait

*Le pouvoir qui est à la base du succès est le
pouvoir de votre pensée.
Comment accorder votre vie à vos projets et à vos ambitions?*

Une pensée est un fait très puissant lorsqu'elle allie un objectif défini (la richesse, par exemple), la persévérance et le désir.

Prenons un exemple précis. Il y a quelques années, Edwin C. Barnes fut envahi d'un profond désir : devenir l'associé du grand Edison, travailler avec et non pour l'inventeur. Mais comment réaliser ce qui n'est encore qu'un désir ? Ni Barnes connaissait Edison, ni il possédait l'argent pour s'offrir le train jusqu'à East Orange, dans le Jersey. Ces deux obstacles, suffisant pour décourager la plupart des gens, Barnes allait les surmonter par son obstination et sa volonté.

Edison le regarda

Il se présenta au laboratoire d'Edison et déclara sans détour vouloir faire affaires avec lui. Plus tard, relatant cette première rencontre, Edison raconta : « Il se tenait debout devant moi pareil à un vagabond, et un je-ne-sais-quoi dans l'expression de son visage laissait pressentir qu'il ne partirait pas sans avoir eu ce qu'il voulait. Des années d'expérience m'avaient appris qu'un homme qui désire une chose au point, pour l'obtenir, d'être prêt à jouer son avenir sur un simple coup de dé, est sûr de gagner. Je lui fournis l'occasion qu'il demandait parce que je vis qu'il était fermement décidé à l'obtenir. Les événements me donnèrent raison. »

L'apparence du jeune homme n'aida en rien à son succès, au contraire elle l'eut plutôt desservi. La seule chose qui compta fut la détermination qui brillait en lui.

Les mois passèrent sans rien qui puisse laisser croire à Barnes qu'il se rapprochait du seul but qui comptait à ses yeux. Cependant, deux facteurs essentiels se précisaient en lui : l'intensification de son désir de devenir l'associé d'Edison, il se sentait prêt à cette collaboration et il était décidé à pour que son désir se réalisât. Il ne se disait pas : « À quoi bon? Je ferais mieux d'abandonner et de me contenter d'un travail de vendeur dans la maison. » Au contraire, il pensait: «Je suis venu pour collaborer avec Edison et je le ferai, dussé-je consacrer le reste de ma vie à atteindre ce but ! » Et il le pensait vraiment.

L'histoire des hommes serait bien différente s'ils se fixaient un seul but précis et s'y tenaient jusqu'à le transformer en une obsession tenace ! Le jeune Barnes l'ignorait peut-être à cette époque, mais son obstination et son acharnement allaient finalement l'emporter.

La chance entre par une porte dérobée

Enfin, l'occasion qu'il attendait se présenta, mais pas du tout comme il l'avait imaginée.

Edison venait de mettre au point une nouvelle machine de bureau la machine à dicter d'Edison. Ses employés, peu enthousiastes et persuadés qu'elle ne trouverait jamais acquéreurs, hésitaient à la vendre. Barnes sut immédiatement qu'il le pourrait. Il le dit à Edison qui lui donna sa chance. Il la vendit si bien qu'Edison le chargea de sa commercialisation pour tout le pays. Cette association rapporta beaucoup à Barnes. Combien exactement ? Lui seul le sait. Peut-être deux ou trois millions de dollars, mais cette somme, aussi élevée soit-elle, demeure insignifiante comparée à la richesse que Barnes avait acquise : il savait désormais qu'une pensée peut se concrétiser pour peu que l'on suive quelques principes (ceux qui sont justement expliqués dans ce livre). Barnes désirait fortement devenir l'associé d'Edison et acquérir une fortune. Il n'avait qu'un seul atout dans son jeu : il savait ce qu'il voulait et il était prêt à persévérer jusqu'à la réalisation de son désir. Une pensée est un fait.

L'homme qui abandonna

Pourquoi échouons-nous dans nos entreprises ? Bien souvent par découragement ! Nous croyons que l'échec est définitif et nous abandonnons la partie. Nous avons tous vécu cela un jour ou l'autre.

À l'époque de la ruée vers l'or, un oncle de R. U. DARBY partit vers l'Ouest dans l'espoir d'y faire fortune. Il ne savait pas que les pensées des hommes recèlent plus d'or que la terre n'en eut et n'en aura jamais. Il gagna une concession au jeu et s'y rendit, pioche et pelle sur l'épaule.

Après plusieurs semaines d'un incessant labeur, ses efforts se virent récompensés. Il avait trouvé cet or tant convoité, mais il lui fallait maintenant du matériel pour exploiter le filon. Il referma consciencieusement la mine et retourna chez lui, à Williamsburg, dans le Maryland, pour raconter sa « trouvaille » à ses parents et à amis. À eux tous, ils réunirent la somme pour acheter le matériel nécessaire qui fut embarqué aussitôt à destination de l'Ouest, pendant que l'oncle retournait travailler à la mine, emmenant cette fois son neveu Darby avec lui.

Le premier wagonnet chargé d'or fut acheminé par bateau vers une fonderie. Sa qualité prouva aux heureux propriétaires qu'ils possédaient l'une des plus riches mines du Colorado. Plus que quelques wagonnets pour rembourser toutes leurs dettes et ensuite les gros bénéfices.

En avant les foreuses et voguent les espoirs !

Mais, tout à coup, le filon disparut ! Les foreuses travaillaient désespérément pour le retrouver. En vain. Les Darby vendirent le matériel et la concession pour une bouchée de pain à un aventurier qui passait et reprirent le train pour le Maryland. Le nouveau propriétaire consulta un expert qui, après enquête, attribua l'échec des Darby à une méconnaissance des terrains et des couches géologiques. D'après lui, le filon se trouvait à trois pieds de l'endroit où l'oncle et le neveu avaient arrêté le forage ! L'analyse se révéla parfaitement exacte ! L'aventurier gagna ainsi des millions de dollars, simplement pour avoir sollicité les conseils d'un ingénieur des mines.

Le succès après l'échec

Bien des années plus tard, après avoir compris que le désir peut se transformer en or, Darby amortit enfin sa lourde perte. Il avait déjà monté sa compagnie d'assurances sur la vie et il appliquait la leçon qu'il avait tirée de son échec malheureux. Il se répétait chaque fois que l'occasion s'en présentait: «J'ai capitulé devant l'or, je ne capitulerai jamais devant un client qui me refuse une assurance. »

Barnes devint l'un de ces privilégiés qui vendent, par an, pour plus d'un million de dollars d'assurances.

Le succès vient rarement sans que l'on ait d'abord connu plusieurs échecs. Lorsque l'échec paraît complet, quoi de plus logique et de plus facile que de renoncer? C'est ainsi que la plupart des gens renoncent. J'ai interrogé plus de 500 Américains parmi ceux qui ont le mieux réussi. Tous m'ont avoué avoir connu leur plus grand succès immédiatement après un échec qui semblait pourtant sans espoir. Souvent, l'échec, comme s'il voulait jouer un bon tour, cache une réussite qui est en fait beaucoup plus proche que l'on ne le pense.

Une enfant tient tête à un homme

À peine diplômé de l'« École des coups durs » et bien décidé à profiter de la leçon, Darby assista à une scène qui lui prouva que «non» ne veut pas toujours dire non! Son oncle exploitait une grande propriété où des fermiers de couleur vivaient avec leurs familles du produit de la récolte. Un jour que Darby était allé lui rendre visite et l'aidait à moudre le blé dans un très vieux moulin, la porte s'ouvrit lentement et une petite fille noire se présenta et demeura plantée sur le seuil.

L'oncle leva les yeux, vit l'enfant et gronda : « Que veux-tu ? » La petite répondit avec douceur : « Ma maman demande vous lui donner 50 cents. »

« Hors de question, rétorqua l'oncle, maintenant va-t'en ! »

« Oui, Monsieur », dit l'enfant. Mais elle ne bougea pas.

L'oncle était si absorbé par son travail qu'il ne le remarqua pas tout de suite. Quand il la vit, il hurla : « Vas-tu filer ? Sinon je me charge de te faire déguerpir ! »

« Oui, Monsieur », dit la petite. Mais elle demeura à sa place. L'oncle reposa le sac de grains qu'il s'apprêtait à vider dans la trémie du moulin, saisit la douve d'un tonneau éventré et avança vers la fillette. Son visage exprimait l'embarras qui résultait d'une telle situation.

Darby retint son souffle : il savait que son oncle était très coléreux. Le fixant droit dans les yeux, l'enfant avança effrontément vers lui et cria de toutes ses forces : « Ma maman avoir besoin de 50 cents. »

L'oncle s'arrêta net, la regarda un long moment, posa lentement la planche par terre, mit sa main dans sa poche et en sortit 50 cents. La petite fille saisit la pièce qu'il lui tendait et recula jusqu'à la porte sans quitter des yeux l'homme à qui elle venait de tenir tête. Quand elle fut sortie, l'oncle s'assit sur une caisse près de la fenêtre et contempla le paysage pendant plus de 10 minutes. Sidéré, il essayait de s'expliquer les causes de sa défaite.

De son côté, Darby réfléchissait. C'était la première fois qu'il voyait une enfant noire affronter délibérément un adulte blanc. Comment était-ce possible ? De quel pouvoir extraordinaire disposait donc cette enfant pour être arrivée à transformer un loup dangereux en un agneau docile ? Quel était le secret qui lui avait permis de dominer la situation? Barnes n'avait toujours pas trouvé de réponses à ces questions lorsque, plusieurs années plus tard, il me conta toute l'histoire à l'endroit même, coïncidence curieuse, où son oncle enregistra la défaite de sa vie.

Le «oui» masque le «non»

Dans ce vieux moulin sentant le moisi, M. Darby me demanda : « Quel étrange pouvoir utilisa l'enfant pour avoir raison de mon oncle ? »

La réponse se trouve clairement dans les principes exposés dans ce livre. Elle permet à celui qui la trouve de comprendre et d'utiliser à ses propres fins ce même pouvoir qu'exerça instinctivement l'enfant. Vous en aurez un aperçu dans le chapitre suivant. Peut- être ne vous frappera-t-elle qu'à la faveur d'une idée ou à la lumière d'un projet au cours d'une lecture subséquente. Vous prendrez alors conscience de vos erreurs passées et cela suffira à vous faire regagner tout ce qu'elles vous auront fait perdre.

Lorsque j'eus expliqué à M. Darby de quel ordre était le pouvoir que l'enfant noire avait utilisé, celui-ci découvrit, après réflexion, que les succès professionnels qu'il enregistrait depuis 30 ans, il les devaient principalement à la leçon qui lui avait été donnée dans sa jeunesse : « Chaque fois, me dit-il, qu'un client essaie de me renvoyer poliment, moi et mes assurances, je revois cette enfant avec ses grands yeux inquiets, et je m'accroche. Les meilleures ventes, je les obtient toujours avec des gens qui m'avaient signifié leur refus. » Rappelant également l'erreur que son oncle et lui- même avaient commise en abandonnant la partie alors qu'ils se trouvaient seulement à trois pieds de l'or, il admit: «Cette expérience m'a été finalement d'un grand secours, elle m'a appris à tenir coûte que coûte malgré toutes les difficultés et c'était une leçon dont j'avais grand besoin pour réussir dans toutes mes initiatives. »

En elles-mêmes, les expériences de M. Darby n'ont rien d'extraordinaires, et pourtant elles eurent un effet capital sur son souvenir. Il les a analysées et en a tiré une leçon. C'est essentiel ! Mais tout le monde ne revient pas sur ses échecs pour les transformer en succès éclatants ; d'ailleurs comment savoir que l'échec est la première étape du succès?

Limitez-vous à une seule bonne idée et vous réussirez

Les 13 principes qui sont traités dans ce livre répondent à toutes vos questions. Cependant, n'oubliez pas que la vraie réponse aux questions que vous vous posez est en vous et qu'elle jaillira dans votre esprit à la faveur de cette lecture.

Une bonne idée, c'est tout ce qu'il faut pour réussir. Mais, me direz-vous, comment la trouver? Ce livre vous l'apprend.

Avant de passer à leur étude, méditez cette pensée : lorsque l'argent afflue, c'est si rapidement et si abondamment que l'on se demande toujours où il se cachait durant les années de vaches maigres. Constatation d'autant plus étonnante que la plupart des gens s'imaginent que seuls ceux qui ont travaillé durement pendant de longues années méritent la fortune. Mais dès que vous deviendrez riche, vous vous rendrez compte qu'il vous aura fallu peu de travail, un travail facile, et que ce que le plus important fut votre état d'esprit et votre poursuite d'un objectif bien arrêté.

Cet état d'esprit qui amène la fortune, comment l'acquérir ? J'ai cherché 25 ans la réponse à cette question.

Dès que vous mettrez nos principes en pratique, vous observerez une nette amélioration de votre compte en banque et tout ce que vous toucherez tournera à votre avantage. Impossible, pensez- vous ? Vous avez tort. Si vous ne me croyez pas et choisissez plutôt de faire fortune en imitant ceux qui ont réussi, vous n'arriverez à rien.

Le succès vient aux optimistes comme l'échec va aux défaitistes. Notre ambition est que le défaitiste devienne optimiste.

Trop de gens aiment le mot « impossible » et beaucoup ont aussi un autre défaut, celui de juger les êtres et les choses par rapport à eux-mêmes. Cela me rappelle l'histoire de ce jeune Chinois que ses parents envoyèrent en Amérique parfaire son éducation. Un jour, le président Harper le croisa dans les jardins de l'université ; il s'arrêta, lui adressa quelques mots avec bienveillance et lui demanda ce qui l'avait le plus frappé chez les Américains.

« je pense, répondit l'étudiant, que c'est la forme bizarre de vos yeux, ils sont si drôlement dessinés ! »

Qu'en pensez-vous ? Nous refusons de croire à ce qui nous dépasse, nous pensons, à tort, que nos limites sont celles de tout le monde et trouvons les yeux des autres « bizarres » parce qu'ils sont différents des nôtres.

Je le veux, je l'aurai !

Un jour, Henry Ford eut l'idée d'un moteur dans lequel les huit cylindres ne feraient qu'un seul bloc (le fameux V-8). Il demanda à ses ingénieurs d'en concevoir un. Ceux-ci, après étude, conclurent qu'il était impossible de couler un moteur de huit cylindres en une seule pièce.

«Créez-moi ce moteur quand même», leur dit Ford.

« Mais c'est impossible ! »

« Continuez vos recherches, commanda Ford, et mettez-y tout le temps qu'il faudra. » Ils se remirent au travail, n'ayant pas d'autres choix s'ils désiraient conserver leur emploi. Six mois passèrent, puis six autres. Lors de la conférence de fin d'année, Ford les interrogea et ils ne purent que lui confirmer l'échec de leur mission.

«Continuez, insista Ford. Je le veux, je l'aurai ! »

Ils reprirent leur étude et, un beau jour, comme par magie, ils découvrirent le secret de la construction. L'obstination de

Ford avait eu raison des obstacles.

Henry Ford a réussi parce qu'il connaissait et appliquait les principes de la réussite, notamment celui de désirer quelque chose de façon précise, c'est-à-dire en sachant exactement ce que l'on veut. Reprenez l'histoire de Ford depuis le début ; pouvez-vous souligner les passages montrant que Ford appliquait la loi de la réussite ? Oui ? Alors, vous pouvez faire comme lui et réussir tout ce que vous entreprendrez.

La vérité n'a pas échappé à un poète

Quand Henley écrivit ces deux vers prophétiques: «Je suis le maître de mon destin, le capitaine de mon âme» (I am the master of my fate, I am the captain of my soûl), il oublia de préciser que nous ne sommes ce maître et ce capitaine qu'en contrôlant nos pensées.

Il aurait dû nous expliquer que certaines de nos pensées, que je qualifie de dominantes, sont si fortes qu'elles hypnotisent en quelque sorte notre cerveau. Celui-ci, par un phénomène encore inexpliqué, attire alors, comme le ferait un aimant, les forces, les gens et les circonstances qui s'accordent à ces pensées.

Il aurait dû ajouter qu'avant d'accumuler des richesses, nous devons ancrer le désir d'argent dans notre esprit ce qui, tout naturellement, nous amènera à échafauder des plans dans ce sens. Mais Henley était un poète et non un philosophe. Il s'est donc contenté de nous livrer cette vérité profonde sous une forme poétique, laissant aux lecteurs le soin d'interpréter ses vers.

Peu à peu, cette vérité s'imposera pour finalement vous persuader que les principes énoncés dans ce livre contiennent tout le mystère qui vous permet de contrôler votre destin économique.

Un jeune homme voit son destin

Nous voilà prêts pour apprendre le premier de ces principes. Rappelez- vous, en lisant ce livre, que je ne suis pas le seul à y croire, que bien des hommes les ont expérimentés et en ont tiré profit. Vous pouvez donc vous en servir vous-même avec succès et sans aucune difficulté.

Il y a quelques années, on me demanda de prononcer le discours d'ouverture à l'université de Salem, en Virginie de l'Ouest. Je parlai avec tant d'enthousiasme du principe décrit dans le chapitre suivant, qu'un élève de dernière année fut convaincu et décida de l'adopter pour lui-même. Ce jeune homme devint membre du Congrès et fit partie de l'administration de Franklin Roosevelt. Il m'envoya une lettre où il exprimait si clairement son opinion sur ce principe que j'ai décidé de la publier sous forme d'introduction au prochain chapitre. Elle donne une parfaite idée des avantages que l'on peut en retirer. Voici cette lettre :

Mon cher Napoléon,

Ma situation en tant que membre du Congrès m'ayant donné l'occasion d'étudier de près les problèmes humains, je vous écris pour partager une suggestion susceptible d'aider des milliers de braves gens.

En 1922, j'assistai à l'une de vos conférences à l'université de Salem. J'en retins une idée qui me permet aujourd'hui de servir mon pays et à laquelle je devrai, dans une large mesure, tous mes succès futurs. Je me souviens parfaitement de votre étonnante description de la méthode que Henry Ford utilisa pour devenir riche et influent alors qu'il était sans un sou, sans relation et sans instruction. Avant même la fin de votre allocution, j'étais décidé à gagner ma place au soleil malgré les difficultés que je pourrais rencontrer.

Des milliers de jeunes gens terminent, ou vont terminer, leurs études. Ils auront besoin d'un enseignement tel que celui que vous m'avez donné. Ils voudront en effet savoir comment affronter la vie et vous pouvez les conseiller, comme vous l'avez déjà fait pour tant d'autres qui ont ainsi pu trouver la solution à leurs problèmes,.

Actuellement, en Amérique, des milliers de gens débutent dans la vie. Ils sont pleins d'idées, mais sans le sou ; ils ont à peine de quoi subvenir à leurs dépenses. Ceux-là seraient bien heureux de savoir comment transformer leurs idées en argent comptant. Si quelqu'un peut les aider, c'est bien vous. Si vous décidez un jour d'écrire un livre dans ce but, je serais très heureux d'en recevoir le premier exemplaire avec votre dédicace.

Affectueusement vôtre,

Jennings Randolph

Vingt-cinq ans plus tard, en 1957, je retournai avec plaisir à l'université de Salem pour y prononcer un discours devant les élèves diplômés. Je fus distingué en même temps du titre de docteur ès Lettres honoris causa. Depuis 1922, où je reçus cette lettre, j'ai pu suivre la carrière de Jennings Randolph, sénateur de la Virginie de l'Ouest et orateur de grand talent. Il devint l'un des hommes les plus influents de notre pays.

CHAPITRE 2

Première étape vers la richesse :
le désir

C'est le désir qui transforme les rêves en réalité.
Plus vous demandez à la vie, plus elle donne.

50 ans plus tôt, lorsque Edwin C. Barnes descendit du train à East Orange, il aurait facilement pu passer pour un vagabond tant il était vêtu pauvrement ; cependant ses pensées étaient celles d'un roi !

Pendant le trajet jusqu'au bureau de Thomas A. Edison, il réfléchissait. Il se voyait parlant à Edison, lui demandant de l'aider à réaliser son désir. Non pas un espoir ni un souhait, mais un désir ardent surpassant tout le reste et très précis.

Quelques années plus tard, Edwin C. Barnes se trouvait avec Edison dans ce même bureau. Son désir était devenu réalité : il était devenu l'associé d'Edison. Il avait réussi parce qu'il avait voulu de tout son corps et de toute son âme atteindre le but précis qu'il s'était fixé.

Pas de retraite possible
Cinq ans s'écoulèrent avant que l'occasion tant espérée ne se présentât. Pour tout le monde, il n'était qu'un rouage de plus dans l'entreprise d'Edison, mais depuis le premier jour qu'il était entré dans la maison, Edwin Barnes se sentait l'as-

socié de l'inventeur. Il désirait l'être plus que tout au monde et dans ce but, il élabora un plan. Pour être sûr d'aller de l'avant, il coupa les ponts derrière lui. Son désir, d'abord obsession, devint un fait réel.

Alors qu'il se rendait à East Orange, il ne se disait pas: «Je vais demander à Edison de me trouver un travail, n'importe lequel », mais plutôt : «Je verrai Edison et préciserai que je veux faire affaire avec lui. »

Il ne se disait pas davantage. «Si jamais Edison ne peut rien pour moi, j'essaierai de trouver du travail dans le voisinage», mais se répétait inlassablement : «Je ne désire qu'une chose : devenir l'associé d'Edison, et je le deviendrai. Ma réussite dépend uniquement de la persuasion dont j'userai aux fins d'obtenir ce que je veux. »

Volontairement, il ne se ménagea aucune porte de sortie. Il vaincra ou mourra !

Voilà tout le secret de la réussite de Barnes.

Il brûla ses vaisseaux

L'antiquité nous rapporte comment un fameux guerrier grec gagna une bataille avec moins de soldats que son ennemi. Il fit monter ses soldats sur des vaisseaux et cingla vers le pays belligérant. Là, il fit débarquer hommes et armes, puis donna l'ordre d'incendier les embarcations. S'adressant à ses soldats avant la bataille, il leur dit : « Comme vous pouvez le constater, nous n'avons plus de bateaux. Désormais, nous ne pourrons quitter ces rivages vivants que si nous gagnons la bataille. Nous n'avons plus le choix: il nous faut vaincre ou mourir! »

Ils vainquirent.

Celui qui veut réussir doit brûler ses vaisseaux afin de se priver de toute retraite. Cette méthode engendrera chez lui un état d'esprit qui lui assurera le succès.

Au lendemain du grand incendie de Chicago, des commerçants de State Street vinrent sur les lieux pour contempler les restes calcinés de leurs magasins. Ils se réunirent pour décider s'il fallait reconstruire ou quitter Chicago et ouvrir boutique dans un endroit plus rentable.

Ils décidèrent de quitter la ville, sauf un qui, montrant les ruines de son magasin, clama : « Messieurs, ici même je ferai construire le plus grand magasin du monde et j'y arriverai, même s'il devait brûler dix fois ! »

Un siècle s'est écoulé et son magasin est toujours là, témoignant de la puissance d'un désir ardent. Pour Marshall Field, la solution facile eut été de suivre ses compagnons d'infortune, de fuir une situation difficile et un avenir qui paraissait peu souriant afin de chercher ailleurs un bonheur plus accessible.

Écoutez bien ceci : alors que Marshall Field réussissait au-delà de ses espérances, les autres commerçants connaissaient tous de cuisants échecs là où ils s'étaient installés.

Tout être humain, à un moment donné, souhaite posséder de l'argent. Or, il ne suffit pas de souhaiter être riche pour le devenir, il faut le désirer jusqu'à l'obsession, bâtir un plan précis pour y arriver et s'y tenir avec une persévérance de tous les instants.

Six instructions qui transformeront vos désirs en or

Voici les six instructions précises et faciles à observer qui vous permettront de transformer vos désirs en leur équivalent matériel, c'est-à-dire en argent comptant :

1. Fixez le montant exact de la somme que vous désirez. Ne vous contentez pas d'un : «Je veux beaucoup d'argent », mais précisez la quantité. (Nous étudierons dans un autre chapitre la psychologie de la précision.)

2. Sachez exactement ce que vous devrez payer pour obtenir cet argent que vous désirez. On n'a rien pour rien.

3. Fixez-vous une date précise à laquelle vous voulez être en possession de cet argent.

4. Établissez le plan qui vous aidera à transformer votre désir et mettez-le en œuvre immédiatement, même si vous jugez ne pas être encore prêt.

5. Écrivez clairement sur un papier la somme que vous voulez acquérir, le délai que vous vous fixez, la contrepartie que vous acceptez de payer et le plan précis que vous avez élaboré pour mener tout cela à bien.

6. Lisez vos objectifs à haute voix deux fois par jour : le soir avant de vous endormir et le matin juste après votre réveil. Pendant cette lecture, il est essentiel que déjà vous vous voyiez, sentiez et croyiez en possession de cet argent.

Il est très important que vous appliquiez à la lettre ces six principes, notamment le sixième. Peut-être, me direz-vous, qu'il vous est impossible de faire semblant d'avoir déjà cet argent? Si votre désir est aussi fort qu'il doit l'être, vous n'aurez pas de difficulté à vous convaincre que vous êtes déjà riche. Ce qu'il faut, c'est vouloir de l'argent et être imprégné de ce désir au plus profond de vous. Alors vous ressentirez comme si vous le possédiez déjà !

Des instructions qui valent 100 millions de dollars

Ces instructions paraîtront incompréhensibles à ceux qui ne sont pas familiers avec le fonctionnement du cerveau humain. Il est bon que les sceptiques sachent qu'elles firent d'Andrew Carnegie, simple ouvrier dans une aciérie, un milliardaire et que feu Thomas A. Edison les considérait comme un préalable indispensable pour atteindre la fortune ou n'importe quel autre objectif.

Vous n'aurez pas besoin, pour suivre ces instructions, de peiner au travail, de consentir à des sacrifices, de paraître ridicule ou naïf, d'être très instruit. Mais, par contre, vous aurez besoin d'une bonne dose d'imagination pour comprendre que l'on ne fait pas fortune par hasard ou par chance, et qu'il vous faut d'abord rêver, espérer, désirer, vouloir et enfin tirer des plans avant de réussir.

Sachez également dès maintenant que vous ne gagnerez jamais beaucoup d'argent si vous ne le désirez pas ardemment et si au fond de vous-même vous n'y croyez pas.

De beaux rêves peuvent vous apporter la richesse

Le monde moderne dans lequel nous vivons est constamment en quête de nouvelles idées, de nouveaux chefs, de nouvelles inventions, de nouvelles méthodes d'enseignement et de vente commerciale, de nouvelles oeuvres littéraires, de nouvelles techniques pour la télévision et le cinéma. Voilà de quoi stimuler tous ceux qui sont engagés dans la course à la richesse. Rappelez-vous que ceux qui ont dominé le monde, que les vrais chefs de l'humanité, sont ceux qui ont concrétisé leurs pensées en gratte-ciel, en villes, en usines, en automobiles, etc. Par la force de leur pensée, ils ont créé des biens matériels. Ils savaient ce qu'ils voulaient et le désiraient ardemment. Sans quoi ils auraient échoué.

Lorsque vous aurez décidé d'acquérir votre part de richesse, ne vous laissez pas influencer, même si l'on rit de votre rêve. Recherchez cet esprit des grands pionniers qui ont donné à notre civilisation tout ce qu'elle a de plus valable.

Si votre ambition n'est réprouvée ni par la loi ni par la morale, si vous y croyez, alors n'hésitez pas : commencez et persévérez dans votre entreprise. Qu'importe ce que « les autres » diront si vous échouez. Ils ne savent pas qu'après l'échec vient la réussite.

Thomas Edison rêva d'une lampe électrique et la réalisa après plus de 10000 échecs ! Seuls les rêveurs stériles abandonnent.

Les frères Wright rêvèrent d'une machine qui évoluerait

dans l'air. Personne ne peut contester cette prémonition.

Marconi rêva d'un système qui maîtriserait les forces intangibles de l'atmosphère. Chaque radio, chaque télévision dans le monde donne raison à son rêve. Lorsqu'il annonça à ses amis avoir découvert un moyen d'envoyer des messages dans l'atmosphère, sans l'aide de fils ni d'autres intermédiaires, ils doutèrent tant de lui qu'ils le firent surveiller et le contraignirent même à un examen psychiatrique !

De nos jours, les « rêveurs » sont mieux considérés et le monde regorge d'occasions inconnues de leurs prédécesseurs.

Le désir suit immédiatement le rêve

Si vous êtes paresseux ou peu ambitieux, ne comptez pas réaliser votre rêve. Il faut, pour le mener à bien, que vous ayez le désir ardent de vous imposer.

N'oubliez pas que tous ceux qui ont réussi ont connu auparavant de nombreuses désillusions et des moments difficiles. Souvent des crises profondes leur ont ouvert de nouveaux horizons et leur ont fait découvrir leur être véritable. John Bunyan écrivit Pilgrim's Progress (Le voyage du pèlerin) un des chefs-d'œuvre de la littérature anglaise, après avoir été emprisonné pour ses idées religieuses.

O Henry fut accablé de grandes épreuves et l'une fut à l'origine de son génie. Emprisonné à Columbus dans l'Ohio, il découvrit ainsi son être véritable et devint un grand écrivain.

Charles Dickens débuta en collant des étiquettes sur des flacons. Il vécut si vivement le drame de son premier amour qu'il devint l'un des plus grands écrivains du xix siècle avec David Copperfield et d'autres chefs-d'œuvre.

Le nom d'Helen Keller reste gravé dans la mémoire des hommes alors qu'elle était aveugle, sourde et muette. Toute sa vie prouve qu'un échec non reconnu n'en est pas un.

Robert Burns, petit campagnard illettré, était promis à la

pauvreté et peut-être à l'alcoolisme. Cela n'empêcha pas son œuvre poétique de s'épanouir comme une rose qu'il aurait fait pousser dans la boue.

Beethoven était sourd et Milton aveugle, mais tous deux concrétisèrent leurs rêves et reposent au Panthéon des hommes célèbres. Il y a une différence entre vouloir une chose et être prêt à la recevoir. Or, impossible d'être prêt pour quelque chose sans croire fermement pouvoir l'acquérir. L'espoir ou la volonté ne suffisent pas, il faut encore la foi. N'oubliez pas qu'il ne faut pas plus d'efforts pour viser haut qu'il n'en faut pour accepter la misère et la pauvreté. Un grand poète a exprimé cette vérité éternelle :

J'ai demandé à la Vie un sou
Et je n'ai pas reçu davantage
Bien que j'ai prié le soir
Dans ma misérable échoppe.

La Vie est la plus juste des patronnes :
Elle vous accorde ce que vous demandez,
Mais puisque le salaire est fixé,
Vous devez vous en contenter.

J'ai travaillé pour un salaire de laquais
Pour apprendre consterné
Que j'aurais pu demander bien plus à la Vie,
Elle me l'aurait volontiers accordé.

Le désir rend possible «l'impossible»

Pour clore ce chapitre, je citerai encore quelques exemples étonnants. Tout d'abord, permettez-moi de vous présenter l'homme le plus extraordinaire que j'aie connu. Je le vis pour la première fois au moment même de sa naissance, et sa petite tête ne portait pas trace d'oreilles. Le médecin déclara que l'enfant serait sourd-muet.

En moi-même, je refusai vivement ce diagnostic. J'en avais le droit. N'étais-je pas le père de l'enfant. Mais je me tus. Je ne pouvais m'expliquer comment je savais qu'un jour mon fils entendrait et parlerait. Plus que tout au monde, je désirais qu'il fût normal. Je sentis que je devais faire passer mon propre désir dans son esprit. Je n'en parlai à quiconque et tous les jours je me répétais l'engagement que j'avais pris vis-à-vis de moi-même : faire de mon fils un être normal.

Lorsqu'il atteint l'âge de s'intéresser aux objets qui l'entouraient, nous remarquâmes qu'il entendait très faiblement. À l'âge où les autres commencent à parler, lui n'essayait même pas de balbutier. Cependant, nous savions, grâce à certaines de ses réactions, qu'il entendait vaguement quelques sons. Cela me suffisait, car j'étais persuadé que s'il pouvait entendre, même faiblement, il pourrait développer son ouïe. Et un jour cet espoir se trouva confirmé d'une manière tout à fait inattendue.

Nous trouvons un moyen

Nous achetâmes un phonographe. Lorsque l'enfant entendit de la musique, il en fut émerveillé et s'accapara rapidement de l'appareil. Un jour, il écouta le même disque pendant deux heures, debout devant le phonographe, les dents collées sur le coffre. Plus tard, apprenant que l'os est bon conducteur du son, nous sûmes la raison de son attitude. Je me rendis compte qu'il me comprenait parfaitement lorsque je parlais en appuyant les lèvres sur l'os mastoïde à la base de son crâne. C'était le moment de transférer dans son esprit mon désir. Comme il aimait beaucoup que l'on lui racontât des histoires, j'en créais de spéciales pour développer sa confiance en lui, son imagination et un désir ardent d'entendre et d'être comme les autres enfants.

À son histoire préférée je donnais, chaque fois que je la

contais, une nouvelle intensité dramatique. Je l'avais façonnée pour le persuader que son infirmité ne le handicaperait pas toute sa vie ; elle jour elle lui sera un atout formidable. Bien que toutes les philosophies m'aient enseigné que tout revers porte le germe de la réussite, je dois avouer que je ne voyais absolument pas comment cela pourrait se réaliser pour mon fils !

Rien n'aurait pu l'arrêter

En repensant à cette expérience, je pense que les résultats inouïs que nous obtînmes étaient avant tout dus à la foi que mon fils mettait en moi. Il ne s'étonnait de rien, ne me posait jamais de questions. Je lui expliquais qu'il possédait un avantage certain sur son frère aîné ce qui, de plusieurs manières, jouerait en sa faveur. Par exemple, à l'école, ses professeurs s'occuperaient davantage de lui et seraient très gentils, ce qui fut le cas. Lorsqu'il serait assez grand pour vendre des journaux et se faire un peu d'argent de poche, comme son frère, les gens lui donneraient de plus gros pourboires, voulant récompenser son courage. Il avait environ sept ans lorsqu'il nous prouva pour la première fois que notre méthode portait ses fruits. Il voulait vendre des journaux, mais sa mère s'y opposait. Il s'obstina et décida d'agir seul. Un après-midi où nous l'avions laissé avec les domestiques, il sauta par la fenêtre de la cuisine, roula sur le sol, se releva et courut à toutes jambes. Au cordonnier, notre voisin, il emprunta six cents pour acheter des journaux qu'il revendit, en racheta avec l'argent gagné et continua ce commerce jusqu'au soir. Les 6 cents remboursés, son bénéfice net était de 42 cents. Lorsque nous rentrâmes à la maison, il dormait dans son lit, serrant dans une main sa petite fortune.

Sa mère pleura ; moi, j'éclatai de rire; j'avais réussi à inculquer à l'enfant la confiance en soi. Dans cette aventure, sa mère ne voyait qu'un infirme errant seul dans les rues et risquant sa vie pour gagner un peu d'argent. Moi, je voyais un petit homme d'affaires, courageux, ambitieux et indépendant qui, en agissant ainsi, s'était moralement enrichi et avait gagné la partie. Mon fils s'était montré très débrouillard et je pensais que cette qualité lui rendrait service plus tard.

Enfin il entend !

L'enfant suivit toutes les classes de sa scolarité, puis entra à l'université mais sans pouvoir entendre ses professeurs, sauf quand ceux-ci criaient et qu'il était au premier rang. Nous refusâmes de le confier à une institution pour sourds et ne voulûmes pas qu'il apprît l'alphabet des sourds-muets. Nous désirions qu'il partageât la vie des autres enfants et nous persistâmes dans notre décision bien que nous eûmes à nous battre de nombreuses fois avec les responsables d'établissements scolaires qui n'étaient pas de notre avis.

Lors de ses études secondaires, il essaya un appareil électrique pour sourds, mais sans résultat. Aussi lorsque quelques années plus tard, juste avant de quitter l'université, en reçut-il un autre, il hésita longtemps avant de le porter, redoutant une déception aussi grande que la première. Finalement, n'y tenant plus, il plaça l'appareil au petit bonheur sur sa tête, le mit en marche et... miracle! comme par magie, le rêve de toute sa vie se réalisa : pour la première fois, il entendait presque aussi bien que les autres !

Bouleversé, il se précipita au téléphone et appela sa mère. Il entendit clairement sa voix, comme il entendit, le lendemain, celle de ses professeurs. Il pouvait converser sans que ses interlocuteurs dussent crier. Une nouvelle vie commençait pour lui.

Mais la victoire ne fut complète que lorsque le jeune homme transforma son infirmité en un splendide atout.

Le jeune sourd aide les autres

Réalisant encore difficilement tout ce que cette découverte allait lui apporter, il écrivit, fou de joie, au fabricant de l'appareil, lui racontant avec enthousiasme sa propre expérience. Sa lettre plut et il fut invité à New York, dans l'usine, où il rencontra l'ingénieur en chef. C'est en lui racontant comment ce petit appareil avait transformé sa vie qu'une idée, qui allait convertir son infirmité en atout et le rendre à la fois riche et heureux, lui traversa l'esprit.

Il venait de réaliser qu'il pourrait venir en aide à des millions de sourds qui ignoraient l'existence de ces appareils électriques. Pendant tout un mois, il fit des recherches dans ce sens, étudia le marché du fabricant et imagina les moyens d'entrer en contact avec les sourds du monde entier. Puis il présenta à la compagnie un projet s'étalant sur deux ans et fut immédiatement engagé pour le mettre en œuvre.

Je suis persuadé que Blair serait resté sourd-muet si sa mère et moi-même ne nous étions pas efforcés de modeler son esprit comme nous le fîmes. Mon désir que cet enfant entendît, parlât et menât une vie normale était si puissant qu'il modifia la nature. Il balaya le silence qui l'isolait du monde extérieur.

Blair désirait entendre, et il entend ! Pourtant son handicap était tel qu'avec un désir moins ardent de le vaincre, il n'aurait pu prétendre qu'à mendier ou à vendre de la pacotille dans les rues. Conjugués, la foi et un ardent désir ont un puissant pouvoir créateur. Or, ils sont à la portée de tous les hommes.

Ce que le désir d'une chanteuse fit en sa faveur

Je lus un jour un article concernant Madame Schumann-Heink qui expliquait indirectement sa réussite professionnelle. Je vous le livre parce que la clef de cette réussite n'est autre que le désir.

Au début de sa carrière, Mme Schumann-Heink rendit visite au directeur de l'Opéra de Vienne pour solliciter une audition. Le directeur refusa, toisa la jeune fille gauche et pauvrement vêtue, et lâcha ces mots très durs : « Comment pouvez-vous prétendre réussir à l'Opéra ? Regardez-vous ! Vous n'avez pas un physique de théâtre, ma pauvre enfant. Renoncez donc à votre projet et achetez une machine à coudre. Croyez-moi, vous ne serez jamais cantatrice. »

Jamais, c'est très long ! Certes, le directeur de l'Opéra de Vienne connaissait très bien la technique du chant, mais non le pouvoir du désir obsessionnel.

Quelques années auparavant, un de mes associés tomba malade. Son état empira et il fut transporté d'urgence à l'hôpital pour y être opéré. Le médecin m'avertit qu'il avait très peu de chances de guérir. C'était là son opinion mais non celle de mon associé qui, étendu sur le chariot, me glissa à l'oreille : « Ne vous inquiétez pas, chef, je serai hors de danger dans quelques jours. » Il supporta l'opération et guérit en un temps-record Le médecin reconnût : « Ce qui l'a sauvé, c'est uniquement son désir de vivre. Il a survécu parce qu'il a refusé d'envisager la mort. »

Je crois au pouvoir du désir conjugué avec la foi. Je l'ai vu élever des débutants aux postes les plus importants, leur donnant gloire et richesse ; je l'ai vu arracher des victimes à la tombe ; je l'ai vu accepter un nouvel essai après 100 défaites ; je l'ai vu rendre à mon fils une vie normale, heureuse et réussie malgré son handicap initial.

Comment canaliser ce pouvoir du désir à notre avantage ? Ce chapitre et les suivants répondent à cette question.

Par un étrange et puissant processus de «chimie mentale» qu'elle ne nous a jamais dévoilé, Dame Nature a prévu qu'un désir ardent puisse repousser l'impossible et l'idée même de l'échec.

CHAPITRE 3

Deuxième étape vers la richesse :
la foi

*Une foi judicieusement orientée fournit à chacune de nos
pensées une puissance immense.
Vous atteindrez les sommets les plus hauts,
poussé par la force de cette nouvelle confiance en vous.*

La foi est le chimiste en chef de notre esprit. Lorsqu'elle pénètrent la pensée, les deux émettent des vibrations qui sont captées par le subconscient et transformées en un équivalent subtil qui agit comme la prière sur l'intelligence infinie.

Les émotions conséquentes à la foi, à l'amour, et au désir physique sont les plus puissantes des émotions positives. Conjuguées, elles influencent intensément le processus du subconscient qui dirige la réponse concrète.

Vous n'aurez la foi que si vous la cherchez

La foi est un état d'esprit que l'on acquiert en affirmant ou en répétant des instructions au subconscient qui joue un rôle très important dans la concrétisation du désir.

Prenez par exemple votre propre personne : pourquoi lisez-vous ce livre ? Pour savoir comment transformer votre intangible désir en son équivalent palpable, c'est-à-dire l'argent.

En suivant les instructions rapportées dans le chapitre sur l'autosuggestion et celles qui sont résumées dans ce chapitre, vous pourrez convaincre votre subconscient que vous croyez à la réalisation de votre désir.

Lorsque vous aurez parfaitement assimilé les 13 principes de ce livre, vous pourrez développer à votre seul gré votre foi.

La seule manière de développer volontairement la foi est de répéter à son subconscient des ordres affirmatifs.

Pour vous aider à peut-être mieux comprendre, considérez ces hommes qui deviennent des criminels endurcis. Comment est-ce possible ? Un célèbre criminologiste répond : «Lorsqu'un homme commet un crime pour la première fois, il est horrifié et déteste ce qu'il a fait ; s'il récidive, il s'y habitue et finalement l'assimile à sa façon de vivre. »

En d'autres termes, toute pensée qui est répétée sans cesse au subconscient, est finalement acceptée.

Toutes les pensées qui ont été ressenties et imprégnées de foi se transforment d'elles-mêmes en leur équivalent physique.

Les émotions animent les pensées et nous incitent à l'action. La foi, l'amour et le désir physique donnent à la pensée une plus grande puissance.

Nous avons vu que les pensées, stimulées par la foi, atteignent et influencent le subconscient. Ajoutons que toute pensée agit ainsi, qu'elle soit animée par un sentiment positif ou par un sentiment négatif.

Ceux qui pensent qu'ils n'ont pas de chance

Nous pouvons en déduire que le subconscient toutes nos pensées en leurs équivalents physiques, celles négatives et destructrices comme celles positives et constructrices. De là l'étrange phénomène dont sont victimes des millions de gens: ils pensent qu'ils n'ont pas de chance.

Ils se croient condamnés à la pauvreté et à l'échec par

une force étrange qui leur semble au-delà de tout contrôle. Ces gens sont les propres artisans de leurs malheurs : leurs pensées noires sont captées par le subconscient qui les transforme en leurs équivalents physiques.

Rappelons qu'il ne suffit pas d'imposer un désir au subconscient pour le transformer en son équivalent physique. Encore faut-il croire à la mutation.

La foi est l'élément qui détermine l'action de votre subconscient. Si cela est nécessaire, vous pouvez tromper ce dernier comme j'ai trompé le subconscient de mon fils. Au moment de faire appel à lui, conduisez-vous exactement comme si vous aviez déjà reçu la réponse matérielle que vous désirez.

Le subconscient transforme en son équivalent physique tout ordre donné par celui qui croit en sa réalisation.

Sachez que croire profondément à un ordre donné à son subconscient est une tâche difficile car cette certitude ne s'impose pas instantanément en lisant des instructions. Une certaine pratique est requise.

Vous devez encourager les émotions positives afin qu'elles dominent votre pensée et bannir à jamais les idées noires. C'est essentiel.

Votre esprit sera alors un tremplin pour la foi et multipliera les instructions au subconscient qui les acceptera et travaillera immédiatement à leur réalisation.

La foi renforce la pensée

De tout temps, les religions ont exhorté l'homme à la foi, mais sans jamais lui expliquer que « la foi est un état d'esprit qui se crée par autosuggestion ».

Ayez foi en vous-même et en l'infini.

La foi est « l'éternel élixir » qui donne vie, puissance et impulsion créatrice à la pensée.

La foi est le premier pas pour atteindre la richesse.

La foi est la base de tous les « miracles » et mystères que la science ne peut expliquer.

La foi est le seul remède connu de l'échec.

La foi est l'élément subtil qui, dans la prière, permet de communiquer avec l'intelligence infinie.

La foi transforme en son équivalent spirituel la pensée qui a germé dans le cerveau limité de l'homme.

Seule la foi permet aux hommes de recevoir la force cosmique de l'intelligence infinie et de l'utiliser.

Les pensées dominantes de votre esprit

Qu'est-ce que l'autosuggestion et quel est son pouvoir ?

Il est bien connu que l'on finit par croire ce que l'on se répète maintes fois, même si l'assertion est fausse. Celui qui se répète un mensonge finit par le voir comme une vérité. Il en fait une vérité personnelle. Les pensées dominantes d'un homme le différencient d'un autre et le font ce qu'il est. Elles constituent des forces motivantes puissantes, particulièrement quand, pétries d'affectivité, elles contrôlent les faits et les gestes de leur auteur.

Les pensées qui sont accompagnées d'un sentiment émotionnel constituent une force magnétique qui attire des pensées similaires ou ayant un rapport avec les premières.

Ces pensées sont comparables à des graines qui, plantées dans un sol fertile, germent, grandissent et se multiplient.

L'esprit humain reçoit sans cesse des ondes qui s'accordent avec ses pensées. Toute pensée, toute idée, tout plan, tout projet qui occupe le cerveau attire une multitude de pensées. Elles s'agglomèrent, se fondent, grandissent jusqu'à devenir les pensées dominantes qui poussent l'individu à agir.

Comment la graine originelle d'une idée, d'un plan ou d'une intention entre-t'elle dans notre esprit ? Simplement par la répétition de la pensée. C'est pourquoi il vous est recommandé d'écrire votre but essentiel sur un papier, de l'apprendre par cœur et de le répéter tous les jours à haute voix jusqu'à ce que votre subconscient ait absorbé les ondes.

Prenez la résolution de ne pas vous laisser influencer et de construire votre vie comme vous l'avez décidé. Dressez la liste de vos possibilités et de vos qualités, peut-être découvrirez-vous un point faible, par exemple un manque de confiance en vous ? C'est un handicap certain mais que vous pouvez parfaitement surmonter. Par l'autosuggestion, transformez votre timidité en témérité.

Voici cinq règles qui, écrites, apprises par cœur et répétées, vous permettront de pratiquer l'autosuggestion.

Cinq règles pour avoir confiance en soi

1. Je sais que je suis capable d'atteindre le but que je me suis fixé, aussi puis-je exiger de moi une action continue et inlassable dans ce sens.

2. Je sais que mes pensées dominantes passeront par plusieurs stades avant de se transformer en réalité physique ; aussi consacrerai-je 30 minutes par jour à penser à celui que je veux devenir et à en dessiner une image précise.

3. Je sais qu'en recourant à l'autosuggestion, tout désir que je garderai obstinément dans mon esprit se manifestera bientôt par des signes extérieurs avant d'atteindre enfin le but fixé ; aussi consacrerai-je 10

minutes par jour à exiger de moi-même une plus grande confiance.

4. J'ai écrit une description très claire du but précis que je me suis fixé et je ne cesserai de travailler à sa réalisation.

5. Je sais parfaitement qu'une richesse — ou qu'une situation — mal acquise est un château construit sur le sable et qui ne saurait donc durer. Aussi refuserai-je toute transaction qui, ne bénéficiant qu'à moi-même, léserait une ou plusieurs personnes. Je réussirai en puisant dans les forces dont j'ai besoin et, en étant toujours le premier à rendre service, j'inciterai mes semblables à m'aider. En développant en moi

l'amour de l'humanité, j'éliminerai de mon cœur toute haine, toute envie, toute jalousie, tout égoïsme, tout cynisme, car je sais qu'une attitude négative envers mon prochain n'amène qu'à la déception. Il croira en moi parce que je montrerai que je crois en lui et en moi. Je signerai cette déclaration, je l'apprendrai par cœur et je la répéterai une fois par jour à haute voix en croyant, sans aucune réserve, que peu à peu mes pensées en seront influencées ainsi que mes actes et que j'atteindrai alors la confiance en moi et l'ambition personnelle à laquelle j'aspire.

Si l'on approfondit cette autosuggestion, on trouve une loi de la nature que personne n'a jamais pu expliquer. Son nom importe peu, seul son principe compte : Si elle est utilisée dans un but constructif, elle mène à la gloire et à la réussite de l'humanité, si elle est utilisée dans un but négatif, elle détruit. Aussi, ceux qui se découragent après une défaite et finissent dans la misère, probablement qu'ils ont appliqué l'autosuggestion dans un état d'esprit négatif. Pourquoi? Parce que toutes les pensées ont tendance à se transformer d'elles-mêmes en leur équivalent physique.

Vous pouvez vous imaginer dans la pire des catastrophes

Le subconscient ne distingue pas les pensées positives des négatives ; Il travaille avec ce que l'on lui donne et concrétise aussi bien une pensée de peur qu'une pensée de courage. De même que l'électricité rend des services inestimables mais peut apporter la mort, de même la loi de l'autosuggestion peut-elle procurer paix et prospérité ou conduire à la misère, à l'échec, au désespoir et à la mort.

Si vous n'avez en vous que peur, doute et maigre confiance en votre aptitude à saisir et à utiliser les forces de l'intelligence infinie, la loi d'autosuggestion s'emparera de ces sentiments le subconscient les traduira en leur équivalent physique, ce qui sera bien sûr désastreux !

De même que le vent pousse un bateau vers l'ouest et un autre vers l'est, la loi d'autosuggestion vous élèvera ou vous abaissera selon la direction de vos pensées.

Voici comment un poète décrit cette loi de l'autosuggestion :

Si vous pensez que vous êtes battu, vous l'êtes.

Si vous pensez que vous n'osez pas, vous n'oserez pas.

Si vous voulez gagner, en pensant ne pas pouvoir,

Très certainement que vous ne le pourrez pas.

La dure bataille de la vie

Ce ne sont pas toujours les plus forts ni les plus rapides qui la gagnent:

L'homme qui tôt ou tard remporte la victoire

Est celui qui PENSE QU'IL EN EST CAPABLE !

La grande expérience de l'amour

Quelque part dans votre esprit dort la graine de la réussite qui, une fois réveillée, vous fera atteindre des sommets dont vous n'aviez jamais osé rêver. Jusqu'à 40 ans et plus, Abraham Lincoln ne réussit rien de tout ce qu'il entreprit. Il fit les frais d'une certaine expérience qui devait éveiller en lui le génie et donner au monde l'un de ses grands hommes. Cette expérience où se mêlent chagrin et amour, il la dut à Ann Rutledge, la seule femme qu'il aima.

Il est bien connu que le sentiment d'amour forge un état d'esprit très proche de celui que forge la foi, car l'amour lui aussi peut transformer la pensée en son équivalent physique. L'auteur, lorsqu'il étudia la réussite hors du commun s de centaines d'individus, découvrit que l'amour y jouait presque toujours un rôle primordial.

Pour preuve du pouvoir de la foi, étudiez les hauts-faits de ceux qui la possédèrent, dont Jésus. La foi est la base du christianisme, bien que beaucoup ne l'ont pas compris ou ont déformé le sens de cette grande force.

Les actes de cet homme que l'on a qualifiés de miracles n'étaient rien d'autre que des phénomènes provoqués par un certain état d'esprit connu sous le nom de foi !

Le Mahatma Gandhi illustre également le pouvoir extra-ordinaire de la foi. Il fut l'homme le plus puissant de son époque sans posséder aucun des attributs habituels du pouvoir comme l'argent, une flotte, des soldats et un matériel de guerre. Gandhi n'avait pas d'argent, pas de maison, pas même un costume, mais il était puissant. Comment? Pourquoi?

Cette force il l'avait créée parce que, profondément croyant, il était capable de transmettre sa foi à deux cents millions de personnes.

Gandhi réunit deux cents millions d'âmes en une seule. Uniquement la foi a des chances de réussir un pareil exploit.

Donner pour gagner

La foi et la coopération étant indispensables au commerce et à l'industrie, il serait intéressant et enrichissant d'analyser la méthode qu'utilisent les industriels et les hommes d'affaires et qui consiste à donner avant de penser à gagner.

Aujourd'hui une très puissante entreprise, la United Steel Corporation vit le jour en 1900. Vous vous demandez peut-être comment se font les grosses fortunes ? L'histoire de cette entreprise vous l'apprendra.

Elle nous a été rapportée par John Lowell dans le New York World Telegram qui nous a aimablement autorisé à la reproduire.

Un joli discours de fin de banquet pour un milliard de dollars.

En cette soirée du 12 décembre 1900, 80 des plus grands financiers du pays étaient réunis dans la salle des banquets de l'University Club de la 5e Avenue pour y fêter un homme de 38 ans, originaire de l'Ouest. Aucun d'eux ne se doutait qu'il allait être le témoin de l'épisode le plus significatif de l'histoire industrielle de l'Amérique.

J. Edward Simmons et Charles Stewart Smith, très reconnaissants de l'hospitalité généreuse dont avait fait preuve à leur égard Charles M. Schwab au cours de leur dernière visite à Pittsburgh, avaient organisé ce dîner pour présenter ce ténor de l'acier à la société des banquiers de l'Est. Ils ne s'attendaient certainement pas à le voir outrepasser leurs conventions, car ils l'avaient averti que les cœurs qui battaient sous les chemises des New- Yorkais étaient insensibles à l'éloquence et que s'il ne voulait pas ennuyer les Stillman, Harriman, Vanderbilt et cie, il ferait bien de limiter son discours à une vingtaine de minutes.

Les deux hôtes et leurs distingués invités mangèrent presque en silence leurs sept ou huit plats habituels. Seuls quelques banquiers et courtiers avaient déjà rencontré Schwab, mais aucun ne le connaissait bien. Cependant, avant la fin de la soirée, tous, y compris Morgan, propriétaire de la plus grosse fortune, allaient se réveiller pour mettre au monde un bébé d'un milliard de dollars, l'United States Steel Corporation.

Il est dommage, pour l'histoire, qu'aucun compte rendu du discours de Schwab ne nous soit resté. Probablement qu'il prononça une tirade à sa façon, marquée de nombreuses fautes de syntaxe (elles ne l'embarrassaient guère), d'épigrammes et d'esprit. Sa force galvanisante fit merveille sur les invités dont la fortune globale a été estimée à 5 milliards de dollars. À la fin de son discours qui dura 90 minutes, l'assistance était encore sous son charme. Morgan entraîna Schwab à l'écart et, inconfortablement assis dans l'embrasure d'une fenêtre, tous les deux discutèrent pendant plus d'une heure.

La personnalité de Schwab s'imposait, mais moins que son programme détaillé et clair qu'il proposa pour le développement d'un trust de l'acier. Beaucoup s'étaient efforcées d'intéresser Morgan à une semblable aventure et aucun n'avait jamais réussi.

Le magnétisme de la finance qui, il y a une génération, attira des milliers de petites entreprises, commençait à agir dans le secteur de l'acier, en partie grâce aux expédients de ce jovial pirate des affaires qu'était John Gates, fondateur de l'American Steel and Wire Company et, avec Morgan, la Federal Steel Company.

Cependant, comparés au gigantesque trust d'Andrew Carnegie géré par 53 associés, les autres entreprises paraissent médiocres. Même en se regroupant, elles n'auraient pu contrer l'entreprise de Carnegie ; et Morgan le savait.

Le vieil Écossais excentrique le savait aussi. Des hauteurs magnifiques de son château, il avait vu d'abord avec amusement, puis avec colère, les entreprises de Morgan essayer d'empiéter sur son domaine.

Lorsque les tentatives devinrent plus audacieuses, il ne put se contenir davantage et, en représailles, décida de construire deux aciéries pour chaque aciérie appartenant à ses rivaux. Secondé par Schwab, il ambitionnait d'acculer ses ennemis au pied du mur.

Dans les mots de Charles M. Schwab, Morgan y vit la solution à ses problèmes et le passage de la vaste entreprise Carnegie sous sa tutelle, car un trust sans Carnegie, le géant, ne serait pas un trust, mais une tarte aux pommes sans pommes!

Charles Schwab parla de l'avenir de l'acier, de réorganisation plus efficace, de spécialisation, de l'abandon des aciéries peu rentables au profit de celles plus rentables, d'économie dans l'acheminement du minerai, les services administratifs et les frais généraux, de mainmise sur les marchés étrangers. Plus, il dévoila aux financiers abasourdis leurs erreurs : ils avaient voulu créer, s'il avait bien compris, des monopoles, relever les prix et se réserver de gros dividendes. Il condamna le système avec sa franchise habituelle. C'était, leur dit-il, une faute politique que de limiter le marché au lieu de l'élargir en fonction des besoins de la région. En baissant les prix, on créerait un marché susceptible de progresser et d'attirer de nouveaux clients dans le monde.

Le dîner prit fin ; Morgan rentra chez lui pour réfléchir aux suggestions de Schwab ; celui-ci retourna à Pittsburgh diriger l'aciérie de Carnegie et les autres retournèrent à leurs occupations en attendant les événements qui ne tardèrent pas. Il fallut à Morgan une semaine pour reconnaître la justesse des propos de Schwab qu'il convoqua. Schwab hésita. M. Carnegie, pensait-il, pourrait ne pas apprécier que le président de son entreprise flirte avec l'empereur de Wall Street, une rue dans laquelle il s'était juré de ne plus jamais entrer. John Gates, l'intermédiaire, suggéra une entrevue à l'hôtel Bellevue de Philadelphie, les deux hommes pouvant s'y trouver en même temps « par hasard ». Cependant, lorsque Schwab arriva, il apprit que Morgan était malade et n'avait pu quitter New York. Sur sa pressante invitation, Schwab s'y rendit.

Certains historiens de l'Économie américaine ont voulu y voir, à tort, un coup monté par Andrew Carnegie, prétendant que le dîner en l'honneur de Schwab, son discours, l'entretien entre Schwab et le roi de l'Argent, tout avait été arrangé. Lorsque Schwab fut mandaté pour commencer les négociations, il ignorait absolument si «le petit patron», comme on surnommait Carnegie, considérerait une offre de vente émanant d'hommes qu'il n'aimait pas. De sa main, Schwab remplit six pages de chiffres rapportant les mérites, la valeur physique et la valeur financière de toutes les compagnies minières qu'il considérait comme importantes.

Quatre hommes consacrèrent toute une nuit à étudier ces chiffres: Morgan, qui croyait fermement au droit divin de l'argent, son associé, l'aristocrate Robert Bacon, savant et gentleman, John W. GATES, un joueur dont Morgan se servait comme on se sert d'un outil et Schwab, mieux renseigné que quiconque sur la fabrication et la vente de l'acier. Au cours de la conférence, les chiffres ne furent jamais remis en question. Dans la combinaison ne devaient entrer que les compagnies soigneusement sélectionnées.

À l'aube, Morgan attaqua le dernier point :

«Pensez-vous pouvoir persuader Carnegie de vendre ?»

«Je peux en tout cas essayer», répondit Schwab.

«Réussissez et je suis votre homme », dit Morgan.

Mais Carnegie voudrait-il vendre ? Et si oui, combien demanderait-il ? Schwab estima le prix à 320 millions de dollars. Exigerait-il d'être payé en titres, en actions, en obligations, en espèces ? Mais qui pourrait payer en espèces un tiers de milliard de dollars ?

Le mois suivant, Carnegie et Schwab se retrouvèrent pour une partie de golf dans la lande givrée de Westchester, mais ce fut que le soir, confortablement installés dans la villa de Carnegie, qu'ils parlèrent d'affaire. Avec son éloquence coutumière, Schwab tenta le vieil homme avec la promesse d'un bel avenir et d'innombrables millions qui lui permettraient de satisfaire tous ses caprices.

Carnegie capitula, prit un morceau de papier, y écrivit un chiffre et tendit le papier à son interlocuteur avec ce commentaire : « C'est mon prix. »

Il demandait 400 millions de dollars, soit 80 millions de plus que les 320 millions envisagés par Schwab, autant que l'accroissement de capital pour les deux années précédentes.

Plus tard, sur le pont d'un transatlantique, l'Écossais avoua tristement à Morgan : « Je regrette de ne pas vous avoir demandé 100 millions de dollars de plus. »

«Si vous les aviez demandés, vous les auriez eus», répondit joyeusement Morgan. La nouvelle de la vente fit couler beaucoup d'encre. Un correspondant anglais câbla que le monde de l'acier était « épouvanté » par la gigantesque opération. Le président de Yale, Hadley, exigea une réglementation des trusts si l'on ne voulait pas voir, dans les 25 prochaines années, un empereur trôner à Washington.

Le jeune Schwab, il n'avait alors que 38 ans, fut nommé président de la nouvelle société et resta à ce poste jusqu'en 1930.

La richesse commence par une pensée

Cet exemple que vous venez de lire illustre parfaitement comment opère le désir pour se concrétiser.

Une organisation géante vit le jour par l'esprit d'un seul homme.

Le plan voulait que l'organisation fût alimentée par les aciéries qui lui assureraient ainsi sa stabilité financière. Ce plan était conçu par un seul homme. Ce sont sa foi, son désir, son imagination et son obstination qui furent à l'origine de la United States Steel Corporation. Des sondages révélèrent que la valeur des aciéries et des équipements acquis par l'organisation légalement reconnue augmenta de 600 millions de dollars uniquement parce que celle-ci était gérée par une administration centrale. En d'autres termes, l'idée de Charles M. Schwab, porté par la foi qu'il communiqua à Morgan et aux autres, rapporta approximativement 600 millions de dollars. Une belle performance pour une seule idée, n'est-ce pas !

La United States Steel Corporation prospéra et devint l'une des entreprises les plus puissantes d'Amérique.

La richesse commence par une pensée ! Son ampleur dépend de la personne qui est à l'origine de cette pensée.

CHAPITRE 4

Troisième étape vers la richesse : l'autosuggestion

Faites travailler la partie la plus vive de votre esprit;
Sensibilisez-la à l'émotion et le résultat vous étonnera.

L'autosuggestion est une suggestion qui s'adresse à soi-même et qui, par l'intermédiaire des cinq sens, atteint notre cerveau. Elle établit une passerelle entre le conscient et l'inconscient.

Chargée de nos pensées dominantes, l'autosuggestion touche volontairement le subconscient et le pousse à agir en accord avec celles-ci. La nature a doté l'homme de la capacité à contrôler tout ce qui touche le subconscient à l'aide de ses cinq sens. Mais l'homme n'est pas toujours conscient de cette capacité. Dans la majorité des cas, il ne l'exerce pas, ce qui explique pourquoi tant de gens restent pauvres toute leur vie.

Rappelez-vous que le subconscient est comparable à un jardin fertile qui devient rapidement envahi par les mauvaises herbes si l'on néglige d'y ensemencer quoi que ce soit. Par l'autosuggestion, un individu peut nourrir son subconscient de pensées constructives ou, au contraire, permettre à des pensées destructives de s'épanouir dans le riche jardin de son esprit.

Pour agir sur votre subconscient, pensez avec émotion

La dernière des six instructions qui figurent au chapitre sur le désir du bonheur financier vous incite à lire à haute voix, deux fois par jour, l'expression écrite de ce désir et à imaginer que vous possédez déjà votre richesse. En agissant ainsi, vous communiquerez à votre subconscient l'objet de votre pensée et la foi qui l'anime. En renouvelant ce processus, vous établirez une habitude qui favorisera la concrétisation de votre désir.

Sachez qu'il ne suffit pas de lire à haute voix le texte. Ce seul exercice ne demeurerait que lettre morte. Il faut le lire mais également le ressentir. Votre subconscient ne peut agir que s'il est animé par des pensées chargées d'émotion. Cette condition est de toute première importance et justifie nos nombreuses redites.

De plus, vous devez croire à ce que vous dites.

La première fois que vous essaierez, il n'est pas sûr que vous contrôlerez et dirigerez vos émotions. Ne vous découragez pas. L'habileté s'acquiert avec la persévérance. Vous ne pouvez, à meilleur compte, réussir à influencer votre subconscient. Vous seul déciderez si le but que vous poursuivez vaut le prix que vous devrez payer.

Si vous arrivez à vous concentrer sur un désir jusqu'à le transformer en une rayonnante obsession, il est probable que vous saurez utiliser l'autosuggestion.

Regardez-vous faire fortune

La concentration vous sera très utile pour appliquer les règles du deuxième chapitre. Je m'explique. Lorsque vous aurez fixé le montant exact de la somme dont vous avez besoin, concentrez-vous sur le chiffre, les yeux fermés. Imaginez ce qu'elle représente matériellement et observez les instructions du chapitre sur la foi en vous sentant déjà en possession de votre bien. Le subconscient, et c'est là un fait des plus significatifs, accepte tout ordre qu'il reçoit, mais il faut le lui répéter souvent. Influencez-le. Faites-lui croire, parce que vous y croyez consciemment, qu'il se doit de dresser les plans d'une action qui vous permettra, le plus tôt possible, d'entrer en possession de votre bien...

L'inspiration vous guidera

Ne vous attendez pas à recevoir un plan détaillé et précis du subconscient, qu'il vous suffira d'appliquer à la lettre, mais gardez l'esprit alerte et sans crainte ou doute sous-jacent. Restez éveillé et satisfait comme si vous possédiez déjà votre bien. Le plan du subconscient vous atteindra probablement sous forme d'«inspiration». Sachez reconnaître cette inspiration, emparez-vous-en et appliquez-la. Lorsque vous décidez de réaliser une idée, celle d'influencer votre subconscient par autosuggestion ou celle que vous dicte le subconscient, n'attendez pas et, dans une certaine mesure, ne la soumettez pas au raisonnement systématique.

Pendant que, les yeux fermés, vous «visualisez» l'argent que vous désirez, imaginez que vous rendez service à autrui, non par acquisition ou avantage personnel, mais par simple échange. Cette exigence est de toute première importance.

Votre subconscient va travailler

Les instructions qui vous ont été données au second chapitre vont maintenant être résumées et insérées dans les principes qui font l'objet de ce chapitre :

1. Le soir dans votre lit, ou à l'écart dans un endroit tranquille où vous ne serez ni distrait ni dérangé, fermez les yeux et répétez à haute voix (de façon à entendre vos propres mots) la note que vous avez écrite et qui fixe la somme que vous désirez acquérir et le délai que vous vous accordez pour cela. En même temps, imaginez-vous déjà en possession de l'argent.

Exemple : vous voulez que dans 5 ans, au premier janvier 20..., vous serez en possession de 100000 dollars et, qu'en échange, vous avez l'intention de travailler comme vendeur. Écrivez alors :

«Le premier janvier 20...je disposerai de 100 000 dollars accumulés en 5 ans.

« En échange, je ferai tout mon possible pour rendre de bons services chez... comme vendeur. (Décrivez exactement le service que vous allez rendre ou la marchandise que vous vendrez.)

«Je crois fermement que je disposerai de cet argent et ma conviction est si forte que je le vois déjà devant moi, que je peux le toucher. Il attend que je le prenne. Pour l'instant, j'attends un plan qui me permettra de l'acquérir et dès que mon subconscient me l'aura fourni, je l'appliquerai. »

2. Répétez ce programme nuit et jour jusqu'à voir (dans votre imagination) cet argent que vous désirez si ardemment.

3. Placez-en une copie bien en évidence et lisez-la avant de vous endormir et à votre réveil, jusqu'à ce que vous la sachiez par cœur.

Rappelez-vous que vous appliquez le principe d'autosuggestion afin de prendre le contrôle de votre subconscient, mais que cela ne peut fonctionner que si vos instructions sont chargées d'émotion? La foi est la plus forte et la plus productive des émotions. Peut-être qu'au début ces instructions vous paraîtront difficiles à suivre et abstraites. Suivez-les quand même, sans vous laisser troubler. Le temps viendra où, si vous vous conformez à nos conseils, en esprit et en actes, la puissance sera à votre portée.

Pourquoi êtes-vous maître de votre destin ?

Les idées nouvelles entraînent toujours un certain scepticisme. Mais si vous respectez nos instructions, ce scepticisme cédera vite la place à une foi absolue.

De nombreux philosophes sont convaincus que l'homme est le maître de son destin terrestre, sans pouvoir, cependant, nous dire pourquoi il en est ainsi. L'homme peut effectivement contrôler sa vie et son entourage, cela parce qu'il a reçu la capacité de pouvoir influencer son propre subconscient.

La concrétisation du désir nécessite une autosuggestion, car elle seule permet d'atteindre et d'influencer le subconscient. Ne la confondez pas avec les simples outils qui permettent son application et gardez à l'esprit son rôle dans la méthode d'enrichissement que nous exposons dans ce livre.

Après avoir terminé la lecture de cet ouvrage, revenez à ce chapitre.

Relisez-le à haute voix chaque soir jusqu'à ce que vous soyez totalement convaincu de l'importance de l'autosuggestion et de son pouvoir créateur à votre égard.

CHAPITRE 5

Quatrième étape vers la richesse : la spécialisation

C'est vous qui faites votre propre instruction et vous pouvez acquérir les connaissances qui vous mèneront là où vous voulez aller.
En suivant le simple plan qui vous est fourni, vous n'aurez pas à débuter médiocrement.

Il y a deux sortes de culture : la culture générale et la culture spécialisée. La culture générale, qu'elle soit vaste ou pauvre, est de peu d'utilité pour acquérir de l'argent. Les universités enseignent toutes les disciplines connues. Leur but est de transmettre des connaissances, sans considération pour la manière de les utiliser. La plupart des professeurs ne possèdent que peu d'argent. L'instruction n'attire l'argent que si elle est intelligemment dirigée dans ce sens et recoure à des plans d'action simples à mettre en pratique. Des millions de gens ne l'ont pas compris. Pour eux, « l'instruction est la porte du pouvoir ». Nullement ! Elle peut être une force, mais uniquement lorsqu'elle est organisée selon des plans d'action précis et dirigés vers un but défini.

Nos systèmes éducatifs sont pénalisés par une certaine impossibilité à apprendre à leurs élèves l'organisation et l'utilisation du savoir.

.C'est une erreur de croire qu'Henry Ford, par manque d'une bonne formation scolaire, ne fut pas un homme instruit.

Être instruit, c'est, certes, posséder une vaste culture, mais également avoir développé ses facultés de telle sorte que l'on peut, sans violer les droits d'autrui, obtenir ce que l'on veut.

Assez «ignorant» pour faire fortune

Pendant la Première Guerre mondiale, lisant dans un journal de Chicago qu'il était un « pacifiste ignorant », Henry Ford assigna le journal en justice pour diffamation.

Lors du jugement en court, les avocats du journal essayèrent de prouver qu'il était un esprit inculte et, pour le prouver, lui posèrent-ils de nombreuses questions sur des sujets variés et inattendus, telles : « Qui était Benedict Arnold ? » ou « Combien de soldats les Anglais envoyèrent-ils en Amérique pour mater la rébellion de 1776 ? » Ford leur répondit ceci :

«Je ne connais pas le nombre des soldats anglais qui furent envoyés, mais ils furent plus nombreux que ceux qui retournèrent chez eux. » Finalement, las de toutes ces « attaques », il lança à la partie adverse : « Sachez que j'ai dans mon bureau une rangée de boutons électriques me permettant de faire immédiatement appel à l'homme qui sera capable de répondre à n'importe quelle question relative à l'affaire dont je m'occupe personnellement et à laquelle je consacre tous mes efforts. Aussi, pouvez-vous m'expliquer pourquoi, dans le seul but de répondre à vos questions, devrais-je avoir la cervelle saturée de culture générale alors que je suis entouré de collaborateurs qui comblent toutes mes lacunes et mes défaillances ?» La logique de cette riposte désarçonna l'avocat et le public dans la salle reconnut dans ce propos un homme intelligent et instruit.

L'homme qui sait où trouver les connaissances dont il a

besoin et comment les utiliser selon des plans d'action, celui-là est un homme instruit. S'étant confectionné un « cerveau collectif », Henry Ford disposait des connaissances indispensables pour faire de lui un des hommes les plus riches d'Amérique. Pourquoi devrait-il les rassembler dans son propre cerveau ?

Il est facile de se cultiver

Avant de pouvoir transformer votre désir en son équivalent monétaire, probablement aurez-vous à approfondir vos connaissances dans un domaine. Sachez alors que le «cerveau collectif» fonctionne à merveille. Accumuler beaucoup d'argent exige une connaissance spécialisée, mais non une connaissance monopolisée par celui qui désire faire fortune.

Cette réalité est un encouragement pour tous ceux qui ne possèdent pas ces connaissances. Beaucoup conservent toute leur vie un complexe d'infériorité face à leur manque d'instruction. Or, celui qui est capable d'organiser et de diriger un «cerveau collectif» rassemblant les connaissances nécessaires à l'accumulation des richesses est aussi instruit que tout membre de ce «cerveau».

Thomas A. Edison n'alla à l'école que trois mois et cela ne l'empêcha pas de devenir instruit et de mourir dans l'opulence.

Henry Ford ne fut écolier que six ans et, malgré tout, réussit admirablement sur le plan financier.

Les sources de connaissances

Choisissez d'abord une spécialisation et décidez de ce que vous allez en faire. Généralement, le but qui vous tient à cœur, celui vers lequel vous tendez tous vos efforts, la révélera sans erreur possible.

Maintenant que vous connaissez votre spécialisation,

cherchez comment l'obtenir. Voici les sources les plus importantes :

1. Votre instruction et votre propre expérience.
2. L'instruction et l'expérience des autres (c'est « le cerveau
collectif »).
3. Les collèges et les universités.
4. Les bibliothèques municipales (elles abondent de ces
livres et revues dans lesquels on peut trouver un condensé
du savoir de notre civilisation).
5. Des cours spéciaux (écoles du soir et cours par correspondance).

Lorsque de nouvelles connaissances sont apprises, il faut
les ordonner et les utiliser dans un but précis, selon des plans
faciles à suivre. Elles n'ont de valeur que dans leur utilisation.
Avant de vous inscrire à un enseignement complémentaire, sachez pourquoi vous désirez l'acquérir et où vous
pourrez le suivre. Les hommes qui réussissent, et cela dans
tous les domaines, ne cessent jamais d'accroître leurs connaissances spécialisées. Ceux qui échouent font souvent l'erreur
de croire que le temps d'apprendre prend fin avec l'école. En
vérité, l'école se limite à essayer de nous apprendre comment
nous pouvons acquérir des connaissances pratiques.
Aujourd'hui, la spécialisation est très recherchée, comme
Robert R Moore, ancien directeur du bureau de placement
de l'université de Columbia, l'écrivit dans un article :
On demande des spécialistes
Les candidats les plus recherchés sont ceux qui se sont
spécialisés dans une branche, les licenciés en sciences économiques avec une formation comptable et statistique, les ingénieurs, les journalistes, les architectes, les chimistes ainsi que
les cadres administratifs et autres hommes d'action.
Celui qui s'est montré très actif à l'université, qui a de
bonnes relations avec tout le monde et qui a travaillé pen-

dant ses études, possède une longueur d'avance sur l'étudiant strictement académique. Il recevra plusieurs offres selon ses nombreuses qualifications et pourra faire son choix.

Le directeur d'une des plus grandes compagnies industrielles écrivait à M. Moore à propos des débouchés offerts aux étudiants récemment diplômés : « Ce qui nous intéresse en premier lieu, c'est de trouver des jeunes qui deviendront nos cadres de première force. C'est pourquoi, à une formation purement académique, nous préférons l'intelligence et une forte personnalité. » Pourquoi pas un apprentissage? M. Moore suggéra, pendant les vacances d'été, un «apprentissage» dans les bureaux, les magasins, les usines et déclara qu'après les deux ou trois premières années d'université, un étudiant devrait être en mesure de choisir sa carrière et d'arrêter ses études s'il s'est laissé entraîner, sans but précis, dans une formation académique générale. «Les universités doivent pouvoir faire face aux demandes des spécialistes de plus en plus nombreux dans tous les domaines », dit-il, insistant sur le devoir des institutions éducatives à aider davantage les étudiants à découvrir leur voie.

Les cours du soir sont, dans les grandes villes, des moyens d'enseignement sûrs et pratiques pour acquérir une spécialisation. Les cours par correspondance, eux, présentent l'avantage d'être accessibles de partout et de pouvoir s'y consacrer tranquillement chez nous, à notre rythme.

L'étude et l'autodiscipline

Généralement, ce qui est obtenu sans effort et sans argent est peu apprécié et même discrédité. Ne serait-ce pas la raison pour laquelle nous ne savons pas profiter pleinement de l'école? L'autodiscipline post-scolaire, qui découle d'un programme spécialisé précis, complète, dans une certaine mesure, ce que nous avons négligée lorsque les études étaient gratuites. Les cours par correspondance sont des entreprises commerciales parfaitement organisées. La cotisation est si faible qu'elles sont forcées d'en exiger le paiement immédiat. Contraint de s'exécuter, l'étudiant sera moins tenté d'abandonner le cours prématurément. Les cours par correspondance entraîne aux décisions rapides et définitives et donne l'habitude de terminer ce que l'on a commencé.

C'est du moins ce que m'a appris mon expérience personnelle. Il y a 45 ans, je m'étais inscrit à un cours de publicité. Après 8 ou 10 leçons, je cessai de m'en désintéresser, mais l'école continua à m'envoyer les factures pour réclamer leur paiement. Je décidai, puisque je devais payer l'ensemble des cours (ce à quoi je m'étais engagé), que je ferais mieux de les suivre et d'en avoir pour mon argent. Il me sembla à cette époque que le système de paiement était trop bien organisé! Je compris ensuite qu'il faisait partie de l'enseignement : j'étais forcé de payer et je repris mes études jusqu'à la fin du programme. Je devais m'en souvenir et bénir la méthode, car c'est à elle que je dus mes gains de publiciste.

Il n'est jamais trop tard pour apprendre

L'être humain a ceci d'étrange, qu'il n'accorde de valeur qu'à ce qu'il paie. Les écoles ou les bibliothèques municipales n'attirent que peu parce qu'elles sont gratuites. C'est pourquoi la plupart des gens se croient obligés d'acquérir un enseignement complémentaire lorsqu'ils terminent l'école et commencent à travailler. Les employeurs apprécient davantage leurs employés s'ils suivent des cours par correspondance, car l'expérience prouve que celui qui est capable de consacrer une partie de ses loisirs à l'étude possède en lui l'étoffe d'un chef. Les gens ont une faiblesse difficile à remédier : le manque d'ambition. Les salariés qui travaillent pendant leurs loisirs restent rarement à des postes subalternes. Ils grimpent petit à petit, renversant tous les obstacles jusqu'à ce qu'ils obtiennent l'amitié de ceux qui leur donneront leur chance.

Les cours par correspondance conviennent particulièrement aux employés qui, après l'école, doivent acquérir des connaissances spécialisées et sont contraints de travailler.

Stuart Austin Wier apprit seul son métier d'ingénieur des travaux publics et resta sur la brèche jusqu'à ce que la crise restreignît ses activités et ne lui permît plus de gagner sa vie. Après inventaire de ses possibilités, il décida de changer de métier et choisit le droit. Il retourna à l'université, y suivit des cours, obtint sa licence et, rapidement, développa une bonne clientèle.

Pour répondre aux remarques de certains ou aux excuses d'autres qui diront: «Moi, je ne peux pas retourner à l'école, j'ai une famille à nourrir» ou «Moi, je suis trop âgé», j'ajouterai que M. Wier avait plus de 40 ans et était marié lorsqu'il retourna à l'université. De plus, en choisissant avec soin les cours hautement spécialisés des meilleures facultés de droit, M. Wier termina en deux ans le programme que la majorité des étudiants terminent en quatre.

Une comptabilité ambulante

Prenons un autre exemple. Un vendeur qui travaillait chez un grossiste se trouva brusquement sans emploi. Ayant des notions de comptabilité, il suivit un cours pour parfaire ses connaissances et apprendre les dernières méthodes et les nouvelles machines. Puis il offrit ses services au grossiste chez qui il avait travaillé, ainsi qu'à plus d'une centaine de petits commerçants, pour la tenue de leur comptabilité contre un salaire mensuel fixe. L'idée était si bonne qu'il fut bientôt obligé de transformer une camionnette de livraison en bureau qu'il équipa de machines à calculer modernes. Il possède aujourd'hui un grand nombre de ces bureaux ambulants et emploie plusieurs personnes.

Des connaissances spécialisées et son imagination lui ont permis de monter une affaire qui prospère et est unique en son genre. L'an dernier, il paya un impôt sur le revenu 10 fois plus élevé que celui du commerçant qui l'avait employé.

À l'origine de cette bonne affaire, il y avait une idée. En voici une autre, peut-être meilleure, qui m'a été suggérée par ce vendeur qui n'hésita pas à abandonner son métier pour repartir à zéro. Lorsqu'il établit le plan qui devait lui éviter le chômage, sa première réflexion fut: «L'idée me semble bonne, mais comment l'exploiter?» En d'autres termes, il avait peur de ne pas savoir utiliser, quand il les aurait acquises, ses connaissances en comptabilité. Ce qui l'amena à une autre initiative : avec l'aide d'une jeune femme dactylographe, il écrivit un ouvrage très intéressant et facile à lire sur les avantages de son nouveau système de comptabilité. Il en fit un album présentant très bien le but de sa nouvelle entreprise et reçut bientôt plus d'offres qu'il ne pouvait en accepter.

La naissance d'une nouvelle profession

Des milliers de personnes sont intéressées par un spécialiste capable de faire de leur curriculum vitae un dossier attrayant et déterminant pour d'éventuels employeurs.

Une femme en prit conscience. Elle créa un nouveau service pour aider les gens à la recherche d'un emploi qui n'ont à offrir que leur savoir-faire. Encouragée par un succès immédiat, elle voulut aider son fils diplômé qui n'arrivait pas à trouver un emploi. Le plan qu'elle imagina, puis exécuta, mérite d'être raconté. Elle rédigea une monographie d'une cinquantaine de pages qui résumait l'histoire de son fils, insistant sur la qualité de ses études et la richesse de ses expériences personnelles, et rassemblant nombre d'informations qu'il est inutile de rapporter ici. Suivait une description précise de l'emploi qu'il sollicitait et de l'activité qu'il y dispenserait. La préparation de ce document demanda plusieurs années. Pendant ce temps, le jeune homme, toujours dirigé par sa mère, recherchait dans la bibliothèque municipale des conseils sur la manière la plus efficace de faire rémunérer ses services. Il rendit visite aux concurrents de l'employeur qu'il souhaitait et obtint ainsi des renseignements précieux sur leurs méthodes de travail.

La monographie achevée, on pouvait y trouver plus d'une demi-douzaine d'excellentes suggestions à l'usage et au bénéfice du futur employeur.

Il s'épargna dix ans d'attente

Pourquoi se donner tant de mal pour trouver une situation? Parce que l'on ne perd jamais à faire une chose à fond.

Le travail de sa mère et les prospections auxquelles il se livra aidèrent ce jeune homme à obtenir le poste qu'il désirait, et ce, dès la première rencontre, et avec le salaire qu'il avait lui-même fixé. De plus, et cela est très important, il s'évita la filière normale. D'emblée, on le gratifia d'une place et d'un traitement de cadre.

L'idée de commencer au bas de l'échelle pour s'élever peu à peu semble, au premier abord, tout à fait logique. Cependant, trop de personnes n'arrivent jamais à s'élever assez haut pour se faire remarquer et avoir la possibilité de montrer leurs capacités. Elles en sortent découragées et vides de toute ambition. Finalement, elles acceptent leur sort et font de leur travail une routine journalière si puissante qu'elles ne peuvent plus s'en débarrasser.

Voilà pourquoi il vaut mieux débuter avec quelques longueurs d'avance. On prend ainsi l'habitude de regarder autour de soi, d'observer comment font les autres pour obtenir de l'avancement, de guetter sa chance et de la saisir sans attendre.

Notre monde est fait pour les vainqueurs

Dan Halpin est un superbe exemple de ce que je veux démontrer. Étudiant à l'université, il avait été choisi comme capitaine de la prestigieuse équipe de football Notre-Dame, championne nationale en 1930 sous la direction du regretté Knute Rocke.

Halpin termina ses études alors que la crise réduisait tout le monde au chômage. Aussi, après avoir essayé la Bourse et le cinéma, sauta-t-il sur la première situation qui lui parut d'avenir: la vente d'appareils électriques pour sourds. Il était payé à la commission.

Il travailla deux ans sans plaisir et n'aurait probablement jamais obtenu d'avancement s'il n'avait voulu vaincre son insatisfaction. Pour ce faire, il visa le poste d'assistant-directeur des ventes et l'obtint. Bien placé pour monter davantage sur l'échelle, il réalisa un très bon chiffre de vente qui le fit remarquer. A. M. Andrews, président du conseil d'administration de la Dictograph Products Company, voulut connaître ce champion d'une firme concurrente. À l'issue de leur entrevue, Halpin était accepté comme directeur commercial chez Dictograph Products. Pour le mettre à l'épreuve, Andrews partit pour la Floride, le laissant se débrouiller dans ses nouvelles fonctions. Fort des mots de Knute Rocke: «Le monde a besoin de vainqueurs et n'a que faire des vaincus», Halpin se donna tellement à son travail qu'il fut élu vice-président de la compagnie, situation à laquelle beaucoup d'hommes seraient heureux d'arriver après 10 ans de loyaux services. Halpin, lui, l'obtint en six mois !

Vous devez comprendre qu'atteindre des postes très élevés ou rester au bas de l'échelle dépend de facteurs que nous pouvons contrôler si nous le voulons et que le succès et l'échec sont tous deux, pour une très grande part, les résultats de l'habitude ! Je suis convaincu que l'étroite association de Dan Halpin avec la meilleure équipe de football que l'Amérique ait jamais connue a ancré dans son cerveau ce désir de se surpasser qui fit la célébrité mondiale de Notre-Dame. La foule adule le héros parce qu'elle aime en lui le vainqueur.

Vous pouvez vendre vos idées

Le « guide » que cette spécialiste écrivit pour son fils connut un si grand succès que de tous les coins du pays on le lui commanda, surtout ceux qui aspiraient à améliorer leur situation.

Cela laisserait-il supposer que sa méthode avait pour but de favoriser les employés aux dépens de leurs employeurs ? Non, bien sûr, car ces derniers sont prêts à payer davantage leurs employés en retour d'une valeur accrue. Elle servait en fait les intérêts des deux parties, c'est pourquoi la méthode fut aussi populaire que la précédente, destinée à ceux qui cherchaient un emploi.

La réussite de cette personne était due entièrement à une bonne idée. Or, derrière toutes les bonnes idées, se cachent des connaissances spécialisées. Celles-ci sont faciles à acquérir, les écoles qui les dispensent étant nombreuses. Mais comme les bonnes idées ne courent pas les rues, celui qui en est assuré de faire fortune.

Les bonnes idées se payent très cher si vous avez assez d'imagination, la lecture de ce chapitre peut vous aider à en trouver.

.

CHAPITRE 6

Cinquième étape vers la richesse : l'imagination

Tous les «coups de chance» dont vous rencontrez dans la vie existent déjà dans votre imagination.
L'imagination est l'atelier de l'esprit qui convertit l'énergie mentale en actions d'éclat et en richesses.

L'imagination est véritablement le laboratoire où s'établissent tous les plans de l'homme. Le désir y est formé, façonné et alimenté par les capacités imaginatives de l'esprit.

On prête à l'homme la capacité de créer tout ce que son imagination lui suggère.

Au cours des 50 dernières années, n'a-t-il pas découvert et maîtrisé plus de forces naturelles que pendant toute l'histoire de l'humanité ? Il a conquis le ciel. Il a calculé la distance qui nous sépare du soleil et a défini ses composantes. Il se déplace plus vite que le son. Cependant, il découvre à peine son imagination et, loin d'en exploiter toutes les ressources, il s'en sert encore de façon élémentaire.

L'imagination synthétique et l'imagination créatrice

Je définirai ainsi les deux formes de notre imagination: l'imagination synthétique nous permet de maquiller les vieux concepts, les vieilles idées et les vieux plans pour leur donner une nouvelle jeunesse. Elle ne crée pas mais travaille sur l'expérience, l'instruction et l'observation. C'est l'imagination synthétique qui guide l'inventeur. Quand elle ne parvient pas à résoudre son problème, elle laisse la place au génie créateur. Grâce à l'imagination créatrice, l'esprit de l'homme se libère de toute limite. Nous lui devons nos « inspirations », nos idées neuves et c'est par son intermédiaire que nous communiquons avec le subconscient d'autrui. Nous décrirons dans les pages suivantes comment travaille l'imagination créatrice. Elle ne fonctionne que lorsque le conscient travaille très rapidement, par exemple lorsqu'il est stimulé par l'émotion d'un désir ardent.

Plus cette faculté est sollicitée et plus elle reste vive.

Les grands hommes (de l'industrie, des affaires, de la finance et des arts) sont devenus grands parce qu'ils ont utilisé leur imagination créatrice.

Les deux formes d'imagination se développent à l'usage, comme tout muscle qui se développe par une gymnastique appropriée.

Le désir n'est qu'une pensée. Il est nébuleux et éphémère, abstrait et sans valeur jusqu'à ce qu'il soit transformé en son équivalent physique. Bien que l'imagination synthétique soit la plus utilisée dans la concrétisation du désir, il ne faut pas oublier que très souvent les circonstances et la situation exigent que l'on se serve de l'imagination créatrice.

Stimulez votre imagination

Faute d'exercice, l'imagination s'appauvrit. En la faisant travailler, on la rend plus vive et on la développe. Elle ne meurt jamais, mais peut rester en état de veille chez celui qui ne l'utilise pas.

En premier, occupons-nous de l'imagination synthétique et de son développement puisque c'est elle que vous utiliserez le plus souvent afin de concrétiser votre désir en argent. Cette transformation requiert un ou plusieurs plans qui doivent être élaborés à l'aide de cette imagination.

Terminez de lire le livre, revenez à ce chapitre et commencez immédiatement à faire travailler votre imagination afin qu'elle vous bâtisse un ou plusieurs plans qui transformeront votre désir en argent comptant.

Dans presque tous les chapitres, vous trouverez des instructions qui vous permettront de concevoir des plans. Suivez celles qui sont les plus appropriées à vos besoins et, si ce n'est déjà fait, résumez votre plan par écrit. Ainsi, vous donnerez une certaine consistance à votre désir intangible. Relisez la phrase précédente à haute voix, très lentement et souvenez-vous qu'en exprimant par écrit votre désir, vous avez fait le premier pas vers la fortune.

La nature nous livre le secret de la fortune

Notre monde et les êtres qui le peuplent sont le fruit d'une lente évolution où des particules microscopiques de matière se sont groupées dans un ordre parfait.

N'oubliez pas, et c'est d'une grande importance, que cette terre, les cellules qui composent notre corps et chaque atome de matière ne furent au début qu'une forme intangible d'énergie.

Le désir est un élan de la pensée, lequel élan est une forme d'énergie. Déjà avec votre désir, vous commencez à accumuler de l'argent, passant par le même processus que la nature a utilisé en créant chaque forme matérielle de l'univers.

Vous pouvez amasser une fortune à l'aide de lois immuables, qu'il vous faut, bien évidemment, apprendre à connaître et à utiliser. Par la répétition et la description de certains principes, l'auteur espère vous révéler le secret des grandes fortunes. Aussi étrange et paradoxal que cela puisse paraître, ce secret n'en est pas un puisqu'il est discernable dans les mille et une merveilles de la nature (les étoiles,

les planètes, les éléments qui nous entourent, chaque brin d'herbe et toute forme de vie perceptible).

Les paragraphes suivants traitent de l'imagination. Même si vous n'en saisissez pas tout de suite l'essence, ne cessez pas de vous en imprégner en lisant et relisant ce livre, au moins trois fois. Alors, parvenu à ce point de votre étude, vous ne voudrez plus arrêter.

L'idée est le point de départ de toute fortune

À la source de toute fortune, il y a une idée qui n'est autre qu'un produit de l'imagination. Dans l'espoir qu'à votre tour vous en tirerez profit, voici quelques idées qui se traduisirent par d'immenses fortunes.

Il manquait un ingrédient

Il y a une cinquantaine d'années, un vieux médecin de campagne partit pour la ville. Il attacha son cheval devant le drugstore, y pénétra par la porte de derrière et, silencieusement; à voix basse, s'entretint avec le jeune employé.

Après une bonne heure de discussion derrière le comptoir, le docteur sortit, retourna à sa carriole, en retira une grande bouilloire démodée, un long morceau de bois destiné à en remuer le contenu et remit tout cela à l'employé qui examina la bouilloire, la renifla, tira de sa poche intérieure un rouleau de billets de banque, soit toutes ses économies, et le tendit au vieil homme. Il y avait 500 dollars. Le médecin lui remit aussi une petite feuille de papier sur laquelle était inscrite une formule secrète. Ni l'un ni l'autre n'imaginaient les fortunes fabuleuses qui allaient sortir de cette vieille bouilloire.

Le médecin était enchanté de sa vente. L'employé craignait pour toutes ses économies. Jamais il n'aurait pu supposer que son investissement lui vaudrait des montagnes d'or et que la bouilloire deviendrait une super-lampe d'Aladin! Ce que le jeune homme cherchait avant tout, c'était une idée. La bouilloire, le morceau de bois et le message secret n'étaient qu'accessoires. Ce ne fut que plus tard, quand le nouveau propriétaire eut l'idée d'ajouter un nouvel ingrédient, que l'ensemble prit toute sa valeur.

Essayez de découvrir quel est cet ingrédient qui fit couler de l'or de la bouilloire et voyons ensemble les grandes fortunes que cette idée engendra.

Métamorphosée, la vieille bouilloire occupe les premières places dans la consommation de sucre, assurant ainsi un revenu aux milliers d'hommes et de femmes travaillant dans la culture de la canne à sucre, les raffineries et le marché du sucre.

Elle remplit annuellement des millions de bouteilles, au ravissement des verriers.

Elle mobilise une armée d'employés, de secrétaires, de rédacteurs et de publicistes dans le monde. Elle a fait le renom et la fortune des artistes qui ont créé ses affiches.

Elle a transformé une petite ville du sud en une grande cité et un centre commercial, où pratiquement tous les habitants en vivent. Cette idée s'étend maintenant à tous les pays du monde qu'elle ne cesse d'enrichir.

L'or qui provient de cette bouilloire a financé la construction de l'une des facultés les plus importantes du sud où des milliers de jeunes gens reçoivent l'enseignement qui les prépare au succès.

Si cet or pouvait parler, il conterait de merveilleuses histoires dans toutes les langues.

Qui que vous soyez, où que vous viviez et quoi que vous fassiez, rappelez-vous, en apercevant le mot « Coca-Cola », que ce vaste et puissant empire est né d'une seule idée et que le mystérieux ingrédient que l'employé, Asa Candler, ajouta à la formule secrète était l'imagination !

Arrêtez votre lecture et réfléchissez-y un instant.

Rappelez-vous ceci : les étapes vers la richesse constituent les moyens qui y conduisent. Vous trouverez dans ce livre ceux qui déterminèrent le succès du Coca-Cola. Sa popularité s'affirme dans les villages et les villes du monde entier. Or, sachez que n'importe laquelle de vos idées, pour peu qu'elle soit valable et percutante, peut vous rendre deux fois plus riche que le producteur de cette boisson mondialement rafraîchissante.

Une semaine pour toucher un million de dollars

L'histoire qui suit m'a été racontée par le pasteur Frank W. Gunsaulus, maintenant décédé, qui débuta sa carrière de prédicateur à Chicago. Professeur à l'université, il découvrit les nombreuses lacunes de notre système d'enseignement, lacunes et voulut les combler en devenant recteur d'une faculté.

Pour cela, il projeta de créer une université où il ne serait pas gêné par les méthodes traditionnelles, mais ce projet exigeait un financement d'un million de dollars ! Où les trouver? Cette question hantait l'esprit du jeune prédicateur sans trouver de réponse.

Il s'endormait et se réveillait avec elle. Elle l'accompagnait partout où il allait. Il la tourna et la retourna dans sa tête jusqu'à ce qu'elle s'impose comme une obsession dévorante.

Philosophe en même temps que prédicateur, le Dr Gunsaulus savait qu'il devait commencer par un but bien défini, mais il ne voyait pas du tout comment il pourrait se procurer un million de dollars. Que faire ? Abandonner ? Se dire : « Mon idée est bonne, mais je ne peux rien en faire, car jamais je ne trouverai le million qu'il me faut. » C'est ainsi qu'auraient agi la plupart des gens. Ce qu'il dit et ce qu'il fit sont deux choses si importantes que je lui laisse le soin de les rapporter.

Un samedi après-midi, j'étais assis dans ma chambre, réfléchissant une fois de plus au moyen de me procurer l'argent dont j'avais besoin. J'y pensais depuis deux ans, mais jusqu'ici c'est tout ce que j'avais pu faire l

Je pris la ferme résolution d'avoir ce million avant une semaine. Comment ? Aucune idée, mais l'important était d'avoir pris cette décision et fixé un délai; et dès que je l'eus fait, je perçus en moi un nouveau et délicieux sentiment de confiance. Une voix semblait me dire : « Pourquoi n'as-tu pas pris cette décision plus tôt? L'argent était là, il t'attendait. » Les événements se précipitèrent. J'avertis les journaux que je prêcherais le lendemain matin sur le thème : «Ce que je ferais si j'avais un million de dollars. »

Je me mis immédiatement à préparer mon sermon, mais je dois vous avouer que la tâche fut facile, car je le fignolais depuis deux ans !

Bien avant minuit, je me couchai et m'endormis, si confiant de ma réussite que je me voyais déjà en possession du million.

Le lendemain matin, je me levai tôt, relus mon sermon, m'agenouillai et demandai à Dieu d'être entendu par quelqu'un qui pourrait me donner cet argent.

Tandis que je priais, je sentis mon corps vibrer sous le coup d'une confiance retrouvée. Dans ma joie, je partis en oubliant mes notes et ne m'en rendis compte qu'en chaire au moment même où j'allais commencer à parler.

Finalement, ce fut beaucoup mieux ainsi ; mon subconscient fut mon aide-mémoire ! Je fermai les yeux et parlai du plus profond de mon cœur et de mon âme. Je crois que je m'adressai autant à Dieu qu'à mon auditoire. J'exposai ce que je ferais d'un million de dollars. Je décrivis le plan que j'avais imaginé pour ouvrir un grand centre d'enseignement où les jeunes développeraient autant leur sens pratique que leur esprit.

Ayant terminé, je m'assis et vis alors un homme, au troisième rang, se lever lentement et se diriger vers la chaire. Il gravit les escaliers, me tendit la main et me dit : « Mon révérend, j'ai aimé votre sermon. Je crois en vous et je crois en votre idée. Je veux vous aider. Venez demain matin à mon bureau et je vous donnerai ce million. Je m'appelle Phillip D. Armour. »

Le jeune Gunsaulus se rendit au bureau de M. Armour et reçut l'argent avec lequel il créa l'institut Armour de Technologie, renommé aujourd'hui Institut Illinois de Technologie.

Après à peine 36 heures sa décision arrêtée, l'argent se trouvait dans ses mains ! Ceci est très important.

Penser vaguement à un million et espérer mollement que l'on l'obtiendra un jour n'a rien d'original, d'autres le firent avant et après F. W. Gunsaulus. L'extraordinaire, c'est la décision arrêtée qu'il prit, ce fameux samedi, d'obtenir son argent avant huit jours.

Le principe qui permit au Dr Gunsaulus d'acquérir son million reste en vigueur et il est à votre portée ! La loi universelle est toujours aussi efficace qu'à l'époque où le jeune prédicateur l'utilisa avec tant de réussite.

Une intention précise et des plans précis

Asa Candler et le Dr Frank Gunsaulus avaient un point commun : un but et des plans précis ont la capacité de transformer une idée en argent.

Si vous êtes de ceux qui pensent que seuls un dur labeur et une honnêteté à toute épreuve mènent à la richesse, détrompez-vous, il n'en est rien ! La grosse fortune ne tient jamais uniquement d'un dur labeur. Elle vient en réponse à des demandes précises, basées sur l'application de lois et non par chance ou par hasard.

Tous les vendeurs émérites savent qu'une idée peut se vendre là où des marchandises ne le peuvent pas. Les mauvais vendeurs l'ignorent, aussi restent-ils mauvais vendeurs !

Un éditeur de livres bon marché prit conscience d'une réalité qui apporta une grande valeur à l'ensemble de la corporation : beaucoup de gens achètent un livre pour son titre et non pour son contenu. Il changea uniquement le titre d'un livre jusque-là ignoré et il en vendit plus d'un million d'exemplaires !

Pour être simple, cette idée n'en est pas moins très bonne ! Une idée jaillie de l'imagination.

Les idées n'ont pas de prix standard. Le créateur d'idées fait son prix et s'il sait s'y prendre, il gagnera beaucoup d'argent.

Combien de grosses fortunes ont commencé par la rencontre d'un créateur d'idées et d'un vendeur d'idées qui décidèrent de travailler de concert. Carnegie s'entourait d'hommes chargés d'accomplir ce qui lui échappait, d'hommes qui forgeaient des idées, les réalisaient, bâtissant ainsi sa fortune et celle de ses collaborateurs.

Des millions de gens attendent toute leur vie un « coup de chance », une occasion. Mieux vaut ne pas dépendre de la chance. C'est à elle que je dois le tournant de ma vie, ma rencontre avec Andrew Carnegie, mais il me fallut 25 ans d'efforts précis pour que cet événement me soit un atout. Un simple désir aurait-il résisté à 25 ans de déception, de découragement, d'échecs, de critiques et de ce constant « je perds mon temps » ? Mon désir de constituer une philosophie du succès était un désir ardent, une obsession ! À peine cette idée était-elle née en moi que je la cajolai, la berçai et la flattai pour qu'elle demeure en vie. Peu à peu, elle devint un géant puissant qui me cajola, me berça et me guida par le bout du nez. Les idées sont ainsi. Vous les faites vivre, agir, vous les guidez jusqu'à ce qu'elles deviennent puissantes et balaient toute opposition.

Les idées sont des forces intangibles, mais elles sont plus pissantes que le cerveau qui les forgea. Elles ont le pouvoir de lui survivre.

CHAPITRE 7

Sixième étape vers la richesse : l'élaboration des plans

Introduction au principe du «cerveau collectif».
Vous pouvez mettre en valeur toutes vos possibilités,
devenir un bon chef,
et gagner beaucoup d'argent en un temps-record

Vous savez maintenant que le désir est à la base de tout ce que l'homme crée ou acquiert, que la première phase de ce désir – passer de l'abstrait au concret -se déroule dans le laboratoire de l'imagination où des plans nécessaires à cette transformation sont élaborés et organisés.

Dans un précédent chapitre, on vous a dit que pour transformer votre désir de richesse en véritable argent, vous devez d'abord mettre en pratique six instructions précises et faciles à suivre. L'une d'elles incite à construire en imagination un ou plusieurs plans, à les détailler minutieusement, toujours en esprit, afin de déclencher le processus de leur transformation.

Apprenez maintenant à élaborer ces plans :

1. Réunissez toutes les personnes qui sont requises pour créer et développer votre ou de vos plans de devenir riche. Vous mettrez ainsi en application le principe du « cerveau collectif» décrit dans un chapitre ultérieur. (Cette étape est essentielle.

2. Avant de constituer votre « cerveau collectif », décidez des avantages et des gains que vous pourrez offrir à chacun en échange de sa coopération. Personne n'accepte de travailler indéfiniment sans en retirer une compensation.

Aucune personne sensée ne demandera ni n'attendra qu'une autre travaille pour elle sans compensation financière ou autre.

3. Jusqu'à ce que vous ayez terminé dans tous les détails le ou les plans nécessaires, réunissez les membres de votre «cerveau collectif» au moins deux fois par semaine et plus si possible.

4. Veillez à ce qu'il y ait une entente parfaite entre les membres de votre « cerveau collectif ». Sinon, vous irez au-devant d'un échec.

N'oubliez pas que :

1. Vous êtes engagé dans une entreprise qui est capitale pour votre avenir. Pour réussir, il vous faut des plans parfaits.

2. Vous avez un atout : l'expérience, l'instruction, les talents et l'imagination des autres. Profitez-en comme en ont profité tous ceux qui ont réussi.

Aucun être humain ne possède toute l'expérience, toute l'instruction et tous les talents pour faire fortune sans l'aide des autres. Tout plan d'enrichissement doit être le résultat de votre création et de celle de votre «cerveau collectif». Vous pouvez créer vos plans, entièrement ou en partie, mais il faut qu'ils soient acceptés par les membres de votre «cerveau collectif».

La défaite vous rend plus fort

Si le premier plan que vous adoptez échoue, imaginez-en un second ; s'il échoue également, élaborez-en un et troisième et ainsi de suite jusqu'à ce que vous trouviez celui qui convient. Trop de gens se découragent et c'est alors l'échec.

Le plus intelligent des hommes échouera dans toutes ses

entreprises s'il n'établit pas des plans précis et facilement réalisables. Si votre plan échoue, rappelez-vous qu'une défaite temporaire n'est pas un échec permanent. Elle signifie que votre plan était mal conçu. Recommencez encore et encore.

Rien n'est jamais perdu pour celui qui refuse d'abandonner.

James J. Hill subit un échec la première fois qu'il essaya de réunir le capital qu'il avait estimé pour la construction d'une ligne de chemin de fer entre l'Est et l'Ouest, mais en établissant d'autres plans il transforma sa défaite en victoire.

Henry Ford essuya un échec alors qu'il était au faîte de sa carrière. Il créa de nouveaux plans et poursuivit son chemin vers la fortune.

Des hommes riches, leurs triomphes nous sont abondamment rapportés et trop peu souvent leurs défaites passagères.

Personne ne peut prétendre atteindre la fortune sans rencontrer l'échec sur sa route. Lorsque vous en subirez un, acceptez-le comme la conséquence d'une faiblesse dans votre plan. Refaites-le et repartez à la conquête du but convoité. Si vous abandonnez la partie avant d'avoir atteint ce but, vous êtes un « lâcheur ». Un lâcheur ne gagne jamais et un vainqueur n'abandonne jamais. Écrivez cette phrase en lettres majuscules sur une feuille blanche et placez-la en évidence chez vous.

Choisissez soigneusement les membres de votre «cerveau collectif», refusant tous ceux qui se laissent abattre.

On entend dire assez souvent que seul l'argent appelle l'argent. C'est faux ! L'argent s'obtient par la réalisation d'un désir. L'argent n'est pas vivant. Il ne peut bouger, penser, parler, mais il peut « entendre » l'appel de l'homme qui le désire et y répondre !

Vendre ses services et ses idées

Réussir exige des plans intelligents. Ceux qui doivent amasser leur fortune par leurs services trouveront ici des instructions détaillées.

À la base de toute fortune importante il y a le salaire que son détenteur a reçu en échange de ses services et de ses idées. Peut-on vendre autre chose ?

Les dirigeants et les dirigés

Deux types d'individu peuplent le monde : ceux qui dirigent et ceux qui sont dirigés. À vous de choisir votre catégorie.

Celui qui est dirigé ne peut raisonnablement gagner autant que celui qui dirige, mais très souvent il commet l'erreur de le croire.

Point de déshonneur à appartenir à la seconde catégorie, mais on ne gagne rien à y rester. La plupart des grands dirigeants ont commencé par apprendre à obéir, devenant des chefs parce qu'ils étaient d'intelligents subordonnés. Sauf quelques rares exceptions, l'homme qui ne peut obéir intelligemment à son chef ne sera jamais un bon dirigeant. Un subordonné intelligent a beaucoup d'avantages, dont celui d'apprendre de la conduite de son chef.

Les 11 secrets pour devenir un bon dirigeant

1. Le courage à toute épreuve. Aucun subordonné ne désire être dirigé par un chef qui manque de confiance en soi et de courage. Aucun subordonné intelligent n'accepte d'être dominé longtemps par un tel dirigeant.

2. La maîtrise de soi. Celui qui n'est pas capable de se maîtriser ne peut réussir à maîtriser les autres. La maîtrise de soi est une force que le plus intelligent des subordonnés voudra retenir.

3. Un sens aigu de la justice. Sans un sens aigu de la justice et de l'équité, un dirigeant ne peut commander longtemps ni gagner le respect de ceux qu'il dirige.

4. La sûreté dans la décision. Celui qui est lent à prendre

une décision montre qu'il n'est pas sûr de lui et ne peut donc diriger les autres avec succès.

5. La précision des plans. Le bon dirigeant doit planifier son travail et travailler son plan. Une entreprise dont le dirigeant agit à l'aveuglette, sans plan précis et facile à exécuter, est semblable à un bateau sans gouvernail. Tôt ou tard, il s'échouera.

6. Vouloir faire plus que les autres. Un bon dirigeant recherche toujours à en faire plus qu'il n'en demande aux autres.

7. Une personnalité irréprochable. Un bon dirigeant est un dirigeant qui est respecté. Or, on ne respecte que celui qui est irréprochable.

8. La sympathie et la compréhension. Le bon dirigeant doit montrer de la sympathie pour ses subordonnés et essayer de comprendre leurs problèmes.

9. Le respect du détail. Pour réussir, un bon dirigeant doit s'attacher à tous les détails de sa charge.

10. Accepter toute la responsabilité. Un dirigeant est responsable des erreurs et des fautes de ses subordonnés. S'il essaie d'échapper à cette responsabilité, il ne restera pas longtemps à son poste. Face à une erreur ou à l'incompétence d'un subordonné, le patron doit se considérer personnellement comme fautif.

11. La coopération. Un patron, pour réussir, doit être familier et appliquer le principe de l'effort en commun, être capable d'obtenir de ses subordonnés qu'ils fassent de même. La direction appelle le pouvoir, et le pouvoir exige la coopération.

Deux types de direction : la première, de loin la plus efficace, s'exerce avec le consentement et la sympathie des dirigés ; la seconde s'exerce par la force, sans le consentement ni la sympathie des dirigés.

L'histoire montre que la dictature est éphémère. Le peuple n'accepte pas indéfiniment un pouvoir pris par la force, et provoque alors la chute et la disparition du dictateur ou du roi. Prenez, par exemple, Napoléon, Mussolini et Hitler. Le seul pouvoir qui peut durer est celui qui est soutenu par le peuple.

Celui qui appliquera ces 11 principes réussira.

Les raisons de l'échec d'un dirigeant

Connaître les raisons de l'échec d'un dirigeant est très enrichissant. Voyons les erreurs fondamentales qui mènent les dirigeants à l'échec.

1. La négligence des détails. Un dirigeant efficace doit pouvoir organiser et contrôler les tâches de sa position. Pour pouvoir modifier ses plans ou s'intéresser à quelque événement urgent, il ne doit pas être « trop occupé ». Pour cela, une bonne habitude est de confier tous les détails à des collaborateurs efficaces.

2. Le refus de rendre d'humbles services. Le bon dirigeant doit accepter, si les circonstances l'exigent, même des tâches qu'en temps normal il aurait confiées à d'autres.

« Les plus grands d'entre vous seront les serviteurs de tous » est une maxime que tous les dirigeants compétents appliquent et respectent.

3. L'erreur de vouloir être rémunéré pour son savoir et non pour ses résultats. Les salaires importants ne sont pas versés aux gens en paiement de ce qu'ils savent, mais de ce qu'ils font ou font faire aux autres.

4. La peur de la réussite des subordonnés. Le dirigeant qui craint qu'un de ses subordonnés ne prenne sa place est pratiquement sûr de voir sa crainte se réaliser tôt ou tard. Un bon dirigeant forme des collaborateurs pour le seconder efficacement. Uniquement ainsi peut-il remplir avec succès les nombreux devoirs de sa charge. Un bon dirigeant peut, grâce à sa connaissance approfondie de son travail et le magnétisme de sa personnalité, accroître l'efficacité de ses subordonnés et

les encourager à fournir davantage de travail, et de meilleure qualité, qu'ils ne le feraient sans son aide.

5. Une imagination pauvre. Sans imagination, un dirigeant est incapable d'accomplir les tâches urgentes et de créer des plans pour assister efficacement ses subordonnés.

6. L'égoïsme. Le dirigeant qui s'accapare tout l'honneur du travail accompli par ses subordonnés peut être certain qu'ils le lui en tiendront rigueur. Le dirigeant vraiment digne de ce nom fuit les louanges et montre sa joie de voir ses subordonnés à l'honneur, car il sait que la plupart des gens travaillent avec d'autant plus d'enthousiasme qu'ils savent qu'ils obtiendront félicitations et avancements.

7. L'intempérance. Les subordonnés ne respectent pas un dirigeant intempérant. De plus, l'intempérance, sans considération de sa forme, détruit l'endurance et la vitalité.

8. La trahison. Peut-être aurais-je commencé par cette raison? Le dirigeant qui trahit sa charge, ses associés, ses supérieurs ou ses subordonnés, ne peut espérer se maintenir longtemps à son poste. La trahison n'appelle que le mépris et est la cause la plus courante de l'échec.

9. Abuser de l'autorité. Le dirigeant qui abuse de son «autorité» perd son étiquette au profit de celle de dictateur. Un bon dirigeant gagne le respect par sa compréhension, sa loyauté et la connaissance de son métier.

10. Mettre l'accent sur son titre. Un dirigeant compétent n'a pas besoin de « titre » pour se faire respecter de ses subordonnés. Celui qui met trop son titre en avant peut facilement laisser penser qu'il n'a pas d'autre qualité à produire. Le bureau du vrai dirigeant est toujours ouvert au collaborateur et doit être dénué de toute ostentation.

Chacune de ces dix erreurs de comportement peut mener à l'échec. Afin de les éviter, étudiez-les soigneusement si vous briguez un poste de direction.

Les nombreux secteurs où l'on manque de dirigeants

Avant de passer à un autre sujet, voyons les secteurs où un bon dirigeant aura mille occasions de prouver sa valeur.

1. Dans le monde de la politique. Ils se font de plus en plus rares.

2. Dans le secteur bancaire, en pleine réforme.

3. Dans le secteur industriel où la réussite se juge également dans les relations publiques et pas seulement l'administration.

4. Dans les professions libérales, où une nouvelle génération de dirigeants est nécessaire, notamment dans l'enseignement où une refonte s'impose pour le rendre plus pratique.

5. Dans le journalisme, là aussi de nouveaux cadres sont le bienvenu.

Ce ne sont que quelques-uns des secteurs en manque de nouveaux dirigeants. Le monde évolue très vite et il faudra bientôt s'adapter à ces changements.

Comment trouver un bon emploi?

L'expérience a prouvé que les méthodes qui suivent sont les plus directes et les plus efficaces pour convaincre un acheteur et un vendeur à travailler ensemble :

1. Les bureaux privés de placement. Ne vous adressez qu'à des maisons de bonne réputation, celles obtenant des résultats satisfaisants grâce à leur bonne administration.

2. Les petites annonces. Insérez-les dans tous les médias : journaux, bulletins commerciaux, revues, etc. L'annonce classique fournit généralement de bons résultats. L'annonce originale requiert d'être placée là où elle attirera l'attention de l'employeur. Elle avantage ceux qui cherchent un poste à responsabilité. Un expert est nécessaire pour rédiger l'annonce

afin de mettre en valeur les qualités des services proposés.

3. Lettres personnelles de demande d'emploi. Elles sont envoyées aux entreprises ou aux personnes intéressées par les services offerts. Ces lettres seront toujours sans fautes et signées à la main, accompagnées d'un curriculum vitae. La lettre et le curriculum vitae auront été préparés par un expert (voir plus loin les instructions à ce sujet).

4. Demande d'emploi par un intermédiaire. Le postulant s'efforce d'entrer en contact, par personne interposée, avec l'employeur pressenti. C'est une méthode d'approche très avantageuse pour ceux qui recherchent un poste à responsabilité et qui seraient gênés de faire leur propre éloge.

5. Demande directe. La demande peut être plus efficace parfois si le postulant propose personnellement ses services à l'employeur. Dans ce cas, il lui déposera un curriculum vitae afin qu'il puisse, s'il le désire, en discuter avec ses associés.

Rédaction du curriculum vitae

Il faut le préparer avec autant de méticulosité qu'un avocat préparant le dossier d'un accusé qu'il doit défendre en cour d'assises. Si le postulant n'a pas une certaine expérience en la matière, il sera sage de recourir à un expert. Les commerçants ne font-ils appel à des psychologues très au faîte de la publicité pour vanter les mérites de leurs marchandises ? Celui qui veut vendre ses services doit faire de même. Le curriculum vitae doit préciser :

1. L'instruction. Dressez, brièvement mais clairement, une liste des écoles que vous avez fréquentées pour vos études et votre spécialisation, en indiquant les raisons de votre choix.

2. L'expérience. Si vous avez déjà occupé des postes similaires à celui que vous sollicitez, décrivez-les et précisez les noms et adresses des employeurs. Si vous avez déjà acquis de l'expérience dans une discipline, indiquez-le clairement.

3. des références. Pratiquement toutes les entreprises veulent connaître les antécédents des candidats. Joignez à votre curriculum vitae une photocopie des lettres :
a) de vos précédents employeurs ;
b) de vos professeurs ;
c) de personnes dignes de foi et au jugement équitable.

4. une photographie. Choisissez une photographie récente.

5. l'emploi sollicité. Évitez de postuler pour un emploi sans préciser exactement celui que vous recherchez. Ne demandez jamais «n'importe quel emploi», on penserait que vous n'avez pas de qualifications spécifiques.

6. Vos qualifications pour l'emploi brigué. Expliquez en détail pourquoi vous pensez êtes qualifié pour le poste que vous briguez. C'est l'élément le plus important de votre candidature car, plus que tout autre, il retiendra l'attention.

7. La possibilité de travailler à l'essai. Si vous êtes sûr de vos qualifications, proposez un essai. Cette suggestion témoignera de votre confiance dans vos possibilités, que vous vous savez à la hauteur de l'emploi. L'expérience a montré que ce dernier argument est convaincant. Indiquez clairement que vous êtes prêt à ce geste parce que :
a) vous êtes sûr que vous correspondez au profile recherché ;
b) vous êtes sûr d'être titularisé après la période d'essai ;
c) vous voulez absolument obtenir cet emploi.

8. Connaissance de votre employeur éventuel. Avant de solliciter un emploi dans une entreprise, renseignez-vous sur elle, et rapportez dans votre curriculum vitae les informations que vous avez recueillies à ce sujet. Votre futur employeur en sera impressionné et y verra un réel intérêt pour son entreprise.

Rappelez-vous que l'avocat qui gagne n'est pas celui qui connaît le mieux la loi, mais celui qui a le mieux préparé sa défense. Si vous préparez et présentez bien votre «cause», vous aurez déjà fait la moitié du chemin. N'ayez pas peur de détailler votre curriculum, car les employeurs recherchent les services d'un employé qualifié. Très souvent, le succès d'une entreprise dépend du choix de collaborateurs hautement qualifiés.

Rappelez-vous aussi qu'un curriculum clair indique que vous êtes soigneux. J'ai aidé à préparer des curriculums qui étaient si originaux et si bien présentés que mes clients obtinrent l'emploi désiré sans aucune entrevue avec le directeur.

Votre curriculum devra être présenté de la manière suivante:

Curriculum vitae contenant les qualifications de
Louis Dupont
qui sollicite l'emploi de
Secrétaire privé du président de
LA COMPAGNIE...

Les vendeurs qui réussissent sont ceux qui soignent leur présentation. Ils savent que la première impression est capitale. Votre curriculum vitae vous vend. Bien a présenté, il est votre meilleur atout. Plus l'emploi que vous désirez en vaut la peine, plus vous devez consacrer des efforts pour l'obtenir. En outre, si vous impressionnez votre employeur avec votre demande spontanée, vous serez mieux payé qui si vous l'aviez brigué de manière très conventionnelle.

Si vous vous adressez à un bureau privé de placement ou à une agence de publicité, confiez-leur votre curriculum vitae, leurs employés n'en seront que mieux disposés à votre égard.

Un travail que l'on aime

Il est plus agréable de son consacrer à un travail qui correspond à ses aptitudes. Un artiste peintre aime travailler avec ses pinceaux, un artisan avec ses mains, un écrivain avec sa plume. Ceux qui ont des talents moins précis ont quand même leurs préférences.

1. Décidez exactement quel travail vous aimeriez accomplir. S'il n'existe pas, pensez à l'inventer.

2. Choisissez l'entreprise ou la personne avec qui vous aimerez travailler.

3. Intéressez-vous à votre employeur éventuel, à son caractère, à son personnel, à vos chances d'avancement.

4. Analysez vos qualités pour déterminer ce que vous pouvez offrir et sous quelle forme.

5. Dès que votre plan est bien détaillé dans votre tête, demandez à un spécialiste de le rédiger.

6. Présentez-le à la personne qui a autorité en la matière et elle fera le reste. Toutes les entreprises sont intéressées par quiconque capable de lui apporter quelque chose de valable, que ce soient des idées ou des services. Venez avec un plan d'action précis servant leurs intérêts et elles vous trouveront un poste.

L'exécution de cette tâche vous occupera plusieurs jours ou plusieurs semaines, mais vous y gagnerez en salaire, en avancement et en considération, autant sinon plus qu'avec des années d'un travail pénible et peu rentable. Cette méthode présente de nombreux avantages. Le premier est de vous faire gagner du temps (entre un à cinq ans).

Un partenaire

Les relations entre l'employeur et les employés ont beaucoup changé et on parle davantage de collaboration, voire d'association.

«Courtoisie» et «service» sont à l'honneur alors qu'il n'y a pas si longtemps, en Amérique, l'employé chargé de relever les compteurs à gaz s'annonçait à grands coups de pied dans la porte. Quand on la lui ouvrait, il s'écriait furieux: «Je n'aime pas attendre ! »

L'employé est maintenant devenu un gentleman « ravi d'être à votre service». Le salaire et la durée de l'emploi sont déterminés par la qualité des services, leur quantité et l'esprit qui les anime.

La qualité du service s'évalue, toujours et partout, par la meilleure exécution de chaque détail inhérent à la fonction.

La quantité pousse à rendre tous les services possibles. Aussi, efforcez-vous d'augmenter votre potentiel en développant votre habileté dans la pratique et l'expérience. Cela doit devenir une habitude et le mot est important.

Que l'esprit anime l'habitude d'une coopération harmonieuse entre employés, associés et amis.

Andrew Carnegie a insisté sur la nécessité d'une conduite harmonieuse et sur son refus de garder un employé qui ne travaillerait pas dans un esprit d'harmonie, même si, par ailleurs, il était très efficace en terme de qualité et de quantité.

C'est assez logique si l'on pense que rien ne peut compenser un mauvais caractère. Par contre, il est facile de ne pas tenir rigueur de quelques lacunes dans la quantité et dans la qualité chez quelqu'un de sympathique et qui travaille dans un esprit d'harmonie.

Prendre ou donner?

Celui qui vend ses services n'est en rien différent d'un commerçant qui vend des marchandises ; sa conduite est soumise aux mêmes lois. Ce rappel est nécessaire quand on voit que bien des gens qui monnayent leurs talents font l'erreur de se croire déliés de toute règle de conduite et des responsabilités du commerçant.

Le temps où l'on « prenait » est terminé, il faut « donner ». Le capital-valeur de votre cerveau peut être déterminé d'après ce que vous gagnez en vendant vos services. Une juste estimation consiste à multiplier votre revenu annuel par 16 2/3, sur la base que votre revenu annuel représente 6 p. 100 de votre capital. L'argent rapporte 6 p. 100 par an car tout au plus vaut-il autant que le cerveau ; le plus souvent, il vaut plutôt moins.

Les « grands cerveaux » bien exploités constituent un capital bien plus désirable que celle qui est nécessaire à la gérance d'une affaire commerciale : « le cerveau » est un capital qui ne se déprécie pas au moment des crises, que l'on ne peut ni voler ni dépenser. L'argent, de toute façon, s'il n'est pas administré par un cerveau, ne vaut pas plus que du sable.

Trente et une causes d'échec

Essayer de toutes ses forces et échouer, voilà l'une des plus grandes tragédies humaines ! Le mot n'est pas trop fort lorsqu'on compare le très grand nombre de gens qui échouent à celui, très bas, de ceux qui réussissent. J'ai pu étudier le comportement de plusieurs milliers d'hommes et de femmes dont 98 étaient considérés comme des ratés.

J'en ai conclu qu'il existe 31 grandes raisons d'échec et 13 principes à connaître et à appliquer pour faire fortune. Voici la liste des 31 causes d'échec. Analysez-la, point par point, et tâchez de découvrir parmi ces causes celles qui s'opposent à votre propre succès.

1. Tare héréditaire. Malheureusement, nous ne disposons d'aucun moyen, ou si peu, pour ceux qui naissent avec une déficience mentale. Notez cependant que cette cause d'échec est la seule des 31 à ne pouvoir être facilement éliminée par l'individu qui en est victime.

2. Aucun but défini. Aucune lueur de succès pour celui qui n'a pas de but bien défini : 98 p. 100 des personnes dont j'ai étudié le cas n'en avaient pas. C'était probablement la cause directe de leur échec.

3. Aucune ambition pour quitter sa médiocrité. Celui qui est indifférent à sa situation, ne désirant ni se dépasser ni payer le prix de l'effort, n'a aucune chance de réussir.

4. Manque d'instruction. Ce problème se résout facilement. L'expérience a prouvé que les personnes les plus ins-

truites étaient souvent celles qui avaient acquis seules leurs connaissances. Pour avoir de l'instruction, il faut plus qu'un diplôme universitaire. Est instruit celui qui a appris à obtenir ce qu'il veut de la vie sans nuire à autrui. L'instruction est moins une question de connaissances théoriques que de connaissances pratiques et efficaces. Les hommes sont payés pour ce qu'ils savent, mais surtout pour l'utilisation de leur savoir.

5. Manque d'autodiscipline. La discipline vient de la maîtrise de soi. Avant de penser à contrôler les circonstances, vous devez apprendre à vous contrôler. La maîtrise de soi reste le travail le plus dur de tout homme. Aucune alternative : soit vous conquérez votre être, soit vous êtes conquis par lui. Vous verrez dans votre miroir à la fois votre meilleur ami et votre pire ennemi.

6. Mauvaise santé. Réussir requiert une bonne santé. La maîtrise et le contrôle de soi peuvent prévenir de nombreuses causes de maladie, dont:

a) une alimentation trop riche ;

b) un trop de pensées négatives ;

c) les abus sexuels ;

d) le manque d'exercices physiques;

e) une mauvaise respiration gênant l'apport en oxygène.

7. Des influences néfastes pendant l'enfance. Souvent, la tendance au crime se développe pendant l'enfance, en réaction à un entourage malsain et à de mauvaises fréquentations.

8. L'hésitation. Elle explique la majorité des échecs. L'hésitation du « vieil homme » veille en chaque individu, prête à barrer la route au succès. La plupart des êtres terminent leur vie sans avoir entrepris quoi que ce soit car, en vain, ils ont attendu «le bon moment». Ne les imitez pas! Le «bon moment» ne vient jamais! Mettez-vous immédiatement à l'ouvrage avec les moyens dont vous disposez ; peu à peu, vous en trouverez de meilleurs.

9. Manque de persévérance. En général, nous commen-

çons assez bien, mais nous finissons mal. Nous avons tendance à abandonner trop tôt. Rien ne peut remplacer la persévérance. Celui qui en fait preuve découvre que le « vieil homme de l'échec » se fatigue à la longue et s'efface. L'échec ne peut rivaliser avec la persévérance.

10. Une personnalité négative. Une personnalité négative repousse plutôt qu'elle n'attire. Comment pourrait-elle attirer la réussite ? La réussite s'obtient par l'application du pouvoir et le pouvoir s'obtient par la coopération de tous. Or, une personnalité négative n'encourage pas à la coopération.

11. Soumission à ses instincts sexuels. L'énergie sexuelle est un stimulant très puissant que vous devez apprendre à contrôler par la transmutation et à l'utiliser à d'autres fins.

12. Le désir incontrôlé de gestes gratuits. L'attrait du jeu pousse des millions de gens à leur perte. Une étude du krach de 1929 montre que des millions de personnes jouèrent leurs stocks de provisions dans l'espoir de gagner quelque argent.

13. Lenteur dans la prise de décision. Les hommes qui réussissent prennent leurs décisions rapidement. Ceux qui hésitent vont d'échec en échec. L'indécision et l'hésitation sont deux sœurs jumelles : l'une ne va pas sans l'autre. Détruisez-les avant qu'elles ne vous entraînent à l'échec.

14. Les six formes fondamentales de la peur. Nous les traitons dans un chapitre à part. Pour pouvoir être performant, il faut absolument les maîtriser.

15. Un partenaire dans le mariage mal choisi. Cette cause également explique de très nombreux échecs. Les relations entre deux êtres mariés sont très intimes. Sans harmonie, elles conduisent souvent à la misère, provoquent le malheur et détruisent toute ambition.

16. Trop de circonspection. Celui qui n'ose saisir la chance ne pourra que ramasser les miettes laissées par les autres. L'excès de prudence est aussi nuisible que le manque de prudence. Gardez-vous de ces deux extrêmes.

17. Des associés mal choisis. Le choix des associés est

déterminant pour réussir. Au moment de proposer vos services, veillez à choisir un employeur intelligent et heureux en affaires. Nous avons tendance à copier ceux avec lesquels nous sommes intimement associés. Choisissez un employeur qui pourra être un exemple pour vous.

18. La superstition et ses maléfices. La superstition tient de la peur et de l'ignorance. Celui qui réussit a une ouverture d'esprit et n'a peur de rien.

19. Erreur dans le choix de sa vocation. Personne ne peut réussir dans une entreprise qui ne lui plaît pas et où il ne se sent pas à l'aise. Vous devez pouvoir vous consacrer à votre activité le cœur joyeux.

20. Des efforts trop dispersés. Le « touche à tout » n'arrive pas à faire quelque chose convenablement. Limitez vos efforts à un but unique et précis.

21. Des dépenses excessives. Le prodigue ne peut réussir parce qu'il sera éternellement pauvre. Efforcez-vous de toujours économiser une partie de votre revenu. Un compte en banque procure assurance et courage. Sans argent, on est contraint d'accepter la première offre en se trouvant bien heureux de l'avoir.

22. Manque d'enthousiasme. L'enthousiasme est nécessaire pour convaincre, sans compter qu'il est contagieux et celui qui en est animé est généralement bien accueilli dans n'importe quel milieu.

23. L'intolérance. Un esprit étroit ne va jamais loin. L'intolérance est intransigeante et refuse toute nouvelle connaissance. L'intolérance la plus destructive est celle qui s'exerce au nom de la religion, de la race ou des opinions politiques.

24. L'intempérance. L'intempérance dans la nourriture, la boisson et la vie sexuelle est terrible. Y succomber vous mène à l'échec.

25. Manque de coopération. Refuser toute collaboration vous fait perdre votre situation et la chance de votre vie. C'est une faute qu'aucun homme d'affaires averti ne tolérera.

26. Un pouvoir non gagné à la sueur de son front (mais hérité). Un pouvoir qui n'a pas été gagné à la force du poigner peut mener à l'échec. La richesse obtenue d'un seul coup est plus dangereuse que la pauvreté.

27. La malhonnêteté délibérée. L'honnêteté est indispensable en affaires, mais il peut arriver que l'on soit contraint à la malhonnêteté temporairement, à la suite de circonstances incontrôlables et fortuites. Par contre, la personne qui choisit la voie de la malhonnêteté, sera tôt ou tard sera trahie par ses actes et perdra et sa réputation et/ou sa liberté.

28. Égoïsme et vanité. Ces vices représentent un danger pour les autres et sont incompatibles avec le succès.

29. Deviner au lieu de réfléchir. Nombre de gens sont trop indifférents ou paresseux pour évaluer par eux-mêmes la réalité. Ils préfèrent se ranger à des opinions toutes faites sur lesquelles ils fondent des appréciations artificielles.

30. Des capitaux insuffisants. Beaucoup démarre une affaire sans disposer d'une réserve de capitaux suffisante pour réparer les erreurs et tenir jusqu'à ce que la réputation de l'entreprise soit établie.

31. Autres causes. Toute cause qui vous a conduit à l'échec et qui ne figure pas dans cette liste.

Ces causes d'échec résument le drame de tous ceux qui ont tenté fortune et ont échoué. Demandez à quelqu'un qui vous connaît bien de revoir cette liste avec vous et de vous aider à trouver la cause qui pourrait expliquer votre propre échec. Si vous vous voyez tel que les autres vous voient, vous pouvez procéder seul à cette analyse.

Comment s'effectue votre publicité?

« Connais-toi toi-même » est un adage philosophique très ancien qui vient nous apprendre que si vous voulez vendre des marchandises avec succès, vous devez bien les connaître.

Ce précepte est tout aussi vrai pour vendre vos services. Vous devez savoir exactement quels sont vos points faibles pour espérer les éliminer et quels sont vos atouts pour les valoriser devant votre employeur éventuel. Or, pour vous connaître, vous devez prendre le temps pour vous analyser longuement et soigneusement.

Avant de demander une hausse de salaire ou un autre emploi, persuadez-vous de votre valeur. Il est très facile de vouloir plus d'argent, tout le monde en veut davantage, mais il est bien plus difficile de valoir plus. Or, souvent les gens confondent les deux. Vos revendications en matière de salaire n'ont rien à voir avec votre valeur.

Celle-ci est basée uniquement sur votre aptitude à fournir des services ou à inciter d'autres à les fournir.

Bilan annuel

Lorsque l'on monnaye ses services, il est important de faire un bilan personnel au même titre que l'on fait un bilan annuel de son entreprise, par exemple pour savoir où la personne en est de ses défauts et de ses qualités. Dans la vie, vous avez ceux qui avancent, ceux qui ne bougent pas et ceux qui reculent. Notre objectif devrait toujours être, bien sûr, d'avancer. L'analyse de soi permet de savoir si l'on a « avancé».

Si tel est le cas, de combien est cette avance ? Elle mettra également en lumière le plus petit pas en arrière. Il est préférable d'avancer même lentement que ne pas avancer du tout !

Prévoyez cette analyse à la fin de l'année afin d'inclure dans les bonnes résolutions du jour de l'An celle de corriger vos points faibles. Posez-vous chacune des questions suivantes et répondez-y avec l'aide d'une personne qui ne vous laissera pas tricher et vous forcera à dire la vérité.

Questions très personnelles à se poser

1. Ai-je réalisé le but que je m'étais fixé pour cette année? (Le but annuel ne doit être qu'une étape de votre vie qui est toute axée vers un but plus élevé.)

2. Ai-je fait de mon mieux ou aurais-je pu améliorer la qualité de mes prestations ?

3. Ai-je toujours fait preuve d'harmonie et de coopération?

4. Ai-je nui, par manque de décision, à mon efficacité et, si tel est le cas, jusqu'à quel point?

5. Ai-je amélioré mon caractère et, si oui, en quoi ?

6. Ai-je été assez persévérant pour mener à bien mes plans?

7. Ai-je toujours pris les décisions qui m'incombaient avec empressement et détermination ?

8. Ai-je laissé la peur pénaliser mon efficacité ?

9. Ai-je été trop ou insuffisamment prudent?

10. Mes relations avec mes associés ont-elles été harmonieuses ou difficiles ? Si elles ont été difficiles, suis-je fautif, en partie, entièrement?

11. Ai-je gaspillé mon énergie faute de concentration dans l'effort?

12. Ai-je été ouvert et ai-je été tolérant en tout ?

13. En quoi ai-je amélioré mon aptitude à rendre service?

14. Ai-je versé dans l'excès quant à l'une ou l'autre de mes habitudes ?

15. Ai-je montré, ouvertement ou secrètement, une forme quelconque d'égoïsme ?

16. Ma conduite fut-elle suffisamment exemplaire pour amener au respect ?

17. Mes opinions et mes décisions, sont-elles le résultat de mon intuition ou de ma réflexion et de mon étude approfondie?

18. Ai-je pris l'habitude de dresser un budget pour tout: mon temps, mes dépenses, mon revenu, et m'y suis-je conformé ?

19. Combien de temps a-t-il été perdu dans des efforts inutiles, aux dépens d'autres fins ?

20. Comment puis-je optimiser mon temps et améliorer

mes habitudes afin de gagner en efficacité ?

21. Ai-je été coupable d'une action que je considère comme réprouvable ?

22. Ai-je accepté de fournir des services sans paiement ? Si oui, comment m'y suis-je pris ?

23. Ai-je été injuste envers quelqu'un ? De quelle manière?

24. Si j'avais été l'acheteur de mes propres services pour l'année qui s'achève, aurais-je été satisfait ?

25. Ai-je opté pour la profession qui me convient? Dans la négative, pourquoi ?

26. L'acheteur de mes services a-t-il été satisfait ? Dans la négative, pourquoi ?

27. Quelle est ma situation actuelle d'après les principes fondamentaux du succès ?

(Répondez en toute honnêteté et demandez à quelqu'un d'assez courageux et impartial de vérifier.)

Vous avez lu et assimilé ce chapitre, vous voilà prêt à élaborer un plan qui vous permettra de négocier vos propres services. Ce chapitre est indispensable à tous ceux qui aspirent à la fortune. Ceux qui l'ont perdue et ceux qui commencent à gagner leur vie n'ont que leurs services à offrir en échange de la richesse. Il est donc essentiel qu'ils sachent comment les utiliser pour son plus grand profit. C'est par l'expérience que vous comprendrez et assimilerez cet enseignement. Il vous permettra de juger et d'analyser toute chose. Il est particulièrement efficace pour les directeurs du personnel et pour les cadres chargés de recruter des employés. Si vous en doutez, testez-le en répondant par écrit aux questions ci-dessus.

Liberté chérie

Après avoir étudié les conditions à satisfaire pour devenir riche, posons-nous la question: «Où trouver une occasion favorable à l'application de ces conditions ? »

De nos jours, les citoyens de presque tous les pays occidentaux jouissent de la liberté de penser, d'agir, de choisir un métier, de choisir un lieu de résidence et de choisir leur conjoint. Ils sont libres de voyager, de s'alimenter à leur gré et de faire fortune, tant qu'il ne lèse personne.

Toute forme de liberté offre à l'homme une occasion de faire fortune.

Et d'où nous vient la liberté?

Faites crédit au capital

Le capital, voici le nom du mystérieux bienfaiteur de l'humanité. Ce mot signifie bien évidemment un apport d'argent mais aussi un groupe d'hommes intelligents et parfaitement organisés qui élaborent des plans pour rendre cet argent profitable aux autres et à eux-mêmes. Ces groupes réunissent: des savants, des professeurs, des chimistes, des inventeurs, des publicistes, des experts-comptables, des juristes, des médecins, des hommes et des femmes ultra spécialisés dans les secteurs commerciaux et industriels. Ils innovent, testent et se fraient un chemin à travers de nouveaux champs d'essai. Ils financent les universités, les hôpitaux et les écoles publiques, construisent des routes, publient les journaux, soutiennent financièrement le gouvernement et gèrent une foule de détails essentiels au progrès de l'humanité. En bref, les capitalistes sont les cerveaux de la civilisation.

Sans un administrateur compétent, l'argent est dangereux. Bien utilisé, il est un facteur primordial de la civilisation.

Pour estimer l'importance du capital, imaginez- vous assumant seul la préparation du petit déjeuner familial.

Pour avoir du thé, vous devriez aller en Chine ou en Inde, un bien long voyage ! Même si votre condition physique vous le permet, le coût financier vous en empêche.

Vous devriez également chercher votre sucre sur le lieu

même de sa production. Pour le transformer en sucre tel qu'il figure sur votre table, il faut un effort concerté et de l'argent.

Sans système capitaliste, nous serions obligés de nous déplacer dans tous, ou presque tous, les pays d'origine des produits d'alimentation que nous consommons.

La civilisation est bâtie sur le capital

Les fonds requis pour la construction et l'entretien des voies ferrées et des bateaux qui nous amènent les éléments de notre petit déjeuner sont « astronomiques », de l'ordre de centaines de millions de dollars, sans compter les salaires du personnel pour exploiter ces deux moyens de transport. Or, ce transport n'est qu'un rouage de notre civilisation moderne capitaliste. Avant de transporter, il faut cultiver, fabriquer et commercialiser, ce qui représente des millions de dollars en équipements, machines et salaires.

Ces trains et ces bateaux ne sont pas sortis de terre tout seuls et ne fonctionnent pas tous seuls. Ils sont le résultat du travail, de l'ingéniosité et de l'habileté d'hommes riches en imagination, en foi, en enthousiasme et qui possèdent un esprit de décision et une persévérance à toute épreuve. Ces hommes, on les appelle des capitalistes. Ils sont mus par la volonté de construire, d'entreprendre, d'être utiles, de gagner de l'argent, de faire fortune. Et parce qu'ils rendent des services indispensables à la société, ils se placent eux-mêmes sur le chemin de la fortune.

Mon intention n'est pas d'établir un dossier en faveur d'un groupe d'hommes ou d'un système économique ou contre ces derniers.

Le but de ce livre, pour lequel j'ai donné mon corps et mon âme pendant plus d'un demi-siècle, est de présenter, à tous ceux qui désirent l'acquérir, la philosophie pour gagner autant d'argent qu'il plaira à l'homme.

Je n'ai analysé les avantages économiques du système capitaliste que pour vous prouver que :

1. Tous ceux qui cherchent à faire fortune doivent apprendre à reconnaître le système qui favorise l'accès à la fortune et s'y adapter.

2. En présentant le problème de cette façon, on s'oppose aux politiciens et aux démagogues qui, délibérément, se ferment des issues en voyant un poison dans le capital organisé.

L'Amérique du Nord est capitaliste et s'est développée grâce au capital. Sans le capital organisé, nul espoir de richesse et nulle occasion de faire fortune.

Faire fortune légalement, c'est rendre des services utiles. Encore aujourd'hui, aucun système n'existe permettant d'acquérir légalement de l'argent sans rien donner en échange.

Votre pays est riche

Vous voulez acquérir une fortune ? Recherchez parmi les innombrables possibilités que vous offre un pays tel que le vôtre.

Vous voulez de l'argent ? Votre pays dépense annuellement des sommes importantes en cigarettes.

Ne vous pressez pas de quitter ce pays dont les habitants, volontairement, consacrent chaque année des millions pour leurs loisirs. Dans un pays riche, vous avez toutes vos chances, mais n'oubliez pas que vous n'aurez rien pour rien.

CHAPITRE 8

Septième étape vers la richesse :
la décision

Vous y apprendrez à prendre rapidement une décision et à voir comment et quand la modifier.

Après une étude portant sur plus de 25 000 cas d'échec, on a pu démontrer que le manque de décision venait presque toujours en tête des 31 causes majeures de cet échec.

L'indécision est un ennemi qui s'attaque à presque chacun d'entre nous. Lorsque vous aurez achevé la lecture de ce livre et que vous serez prêt à en appliquer les principes, vous aurez l'occasion d'évaluer votre aptitude à prendre des décisions rapides et définitives.

En se penchant sur le cas de plusieurs centaines de personnes qui ont fait fortune, on s'aperçoit que toutes avaient l'habitude de prendre leurs décisions très rapidement et de s'en tenir. Tous ceux qui n'arrivent pas à faire fortune, sans exception, mettent beaucoup de temps à prendre leurs décisions et sont très prompts à les modifier; ce que d'ailleurs ils ne cessent de faire.

L'une des caractéristiques les plus remarquables d'Henry Ford était de pouvoir décider rapidement et de ne revenir que difficilement sur sa décision. Cette qualité était si forte en lui qu'elle le faisait passer pour obstiné. C'est elle qui le poussa à ne pas abandonner la fabrication de son fameux modèle T (la voiture la plus laide du monde !) alors que tous ses conseillers et plusieurs acheteurs le pressaient de le remplacer.

Il est possible que M. Ford tarda trop à les écouter mais, d'un autre côté, la fermeté de sa décision lui rapporta une fortune avant que le changement de modèle ne devînt inéluctable. Il est probable que dans l'habitude de M. Ford de camper sur ses décisions, il y avait une part d'obstination, mais il est mille fois préférable d'être obstiné que d'être lent à décider ou de revenir sur une décision qui vient d'être prise.

L'opinion : une denrée bon marché

La plupart des gens qui échouent à gagner beaucoup d'argent sont généralement très influençables. Ils pensent selon la voix des journaux et les commérages des voisins. Les opinions sont très bon marché. Chacun de nous en plein. Si vous vous laissez influencer lorsque vous avez à prendre une décision, vous n'arriverez à rien de bien. Vous ne réaliserez pas votre désir d'argent.

Si vous êtes sensible aux opinions des autres, vous n'aurez pas de désir propre.

Lorsque vous mettrez en pratique les principes rapportés dans ce livre, vous prendrez vous-même vos décisions et vous vous y tiendrez. Vous n'en parlerez à personne sauf aux membres de votre «cerveau collectif» et soyez bien sûr, lorsque vous les choisirez, que tous montreront de l'enthousiasme et de la sympathie à l'égard de votre dessein.

Les amis intimes et les parents, bien involontairement, freinent souvent nos élans en donnant leurs opinions ou, par esprit de malice, en se moquant des nôtres. Des milliers d'hommes et de femmes sont pénalisés toute leur vie par des complexes d'infériorité parce qu'une personne bien intentionnée, mais sotte, a détruit leur confiance en eux par ses opinions et ses moqueries.

Vous avez un cerveau et un esprit qui vous sont propres.

Utilisez-les et sachez prendre seul vos décisions. Si vous avez besoin d'un conseil, ce qui peut arriver, adressez-vous à la bonne personne discrètement, et sans révéler vos véritables intentions.

Ceux qui manque d'instruction essaient souvent de faire croire aux autres qu'ils en ont beaucoup. Ils parlent trop et n'écoutent pas assez. Pour pouvoir décider rapidement, vous devez apprendre à ouvrir vos yeux et vos oreilles, et fermez votre bouche !

Ceux qui parlent beaucoup agissent peu. Si vous parlez plus que vous n'écoutez, vous perdez toutes les occasions d'apprendre quelque chose d'utile, et vous dévoilez vos plans et desseins à des gens qui, parce qu'ils vous envient, prendront un malin plaisir à vous faire échouer. Chaque fois que vous parlez en présence d'une personne très cultivée, vous lui permettez d'évaluer le degré exact de votre propre culture, et le plus souvent ce sera à votre désavantage ! La vraie sagesse trouve sa place dans la modestie et le silence. Souvenez-vous-en?

N'oubliez pas que toute personne avec qui vous vous associez cherche comme vous un moyen de faire fortune. Si vous parlez trop librement de vos plans, vous aurez peut-être la désagréable surprise de voir quelqu'un d'autre en profiter.

Les décisions ont fait l'histoire

La valeur d'une décision dépend du courage qu'il faut pour la prendre. Les grandes décisions qui font avancer la civilisation appartiennent aux hommes qui risquent la mort. La décision de publier la Proclamation d'Émancipation, qui donna la liberté au peuple noir d'Amérique, fut prise par Lincoln qui n'ignorait pas que nombre de ses supporters politiques et amis se retourneraient contre lui.

Socrate préféra s'empoisonner plutôt que de renier ses idées et son geste prépara la liberté de pensée et d'expression pour un peuple qui n'était pas encore né.

Quand le général Robert E. Lee embrassa la cause des Su-
distes, il savait que cette décision pourrait lui coûter la vie et
celle de bien d'autres.

Un incident à Boston

La plus grande décision de toute l'histoire des États-Unis a
été prise à Philadelphie, le 4 juillet 1776, lorsque 56 hommes
signèrent un document, sachant qu'il pourrait aussi bien accorder la liberté à tous les Américains que condamner 56 à
la pendaison.

Vous avez certainement entendu parler de ce document,
mais peut-être n'en avez-vous pas tiré la grande leçon de réussite qu'il comporte. Nous nous rappelons la date de l'événement et ignorons la somme du courage qui le prépara. Nous
nous souvenons du récit, des dates et des hommes qui en
furent les héros, de Valley Forge et de Yorktown, de George
Washington et de Lord Cornwallis, mais nous ignorons tout
du pouvoir qui nous assura la liberté bien avant que l'armée
de Washington n'atteignît Yorktown. Il est regrettable que
les historiens n'aient pas fait état de l'irrésistible pouvoir qui
permit l'apparition dans le monde d'un pays qui allait établir
de nouvelles lois d'indépendance et faire école. Je répète que
c'est regrettable parce que, pour surmonter les difficultés de
la vie, ce pouvoir est nécessaire à tout individu.

Les faits.

Tout commença à Boston, le 5 mars 1770. Des soldats britanniques patrouillaient dans les rues au milieu des passants
qui, n'appréciant pas du tout ces hommes armés, manifes-
tèrent leur mécontentement en leur lançant des pierres et des
injures. Les soldats reçurent l'ordre de charger. Il y eut des
blessés. L'incident provoqua un tel ressentiment que l'Assemblée provinciale, composée de colons influents, se réunit pour
discuter de la meilleure réaction. Deux membres de l'Assemblée, John Hancock et Samuel Adams, se prononcèrent pour

RÉFLÉCHISSEZ ET DEVENEZ RICHE

jeter les soldats britanniques hors de Boston. C'était une décision dangereuse qui nécessitait foi et courage. Avant la fin de la séance, Samuel Adams était chargé de rencontrer le gouverneur Hutchinson et d'exiger le retrait des troupes. La demande agréée, les troupes quittèrent Boston sans clore l'incident. Il avait créé une situation qui devait modifier le cours de l'Histoire.

Le «cerveau collectif» entre en action

Richard Henry Lee correspondait fréquemment avec Adams ; ils échangeaient leurs espoirs et leurs craintes concernant leurs provinces respectives. Cette correspondance donna à Adams l'idée d'un courrier semblable entre les 13 colonies, créant ainsi un lien entre elles et les aidant à résoudre leurs problèmes. Deux ans après l'effusion de sang de Boston, Adams proposa à l'Assemblée d'établir un Comité de correspondance avec nomination de représentants pour chacune des colonies.

Ainsi naquit la puissante organisation qui fit des États-Unis un pays libre. Le «cerveau collectif» était composé d'Adams, de Lee et de Hancock.

Le Comité de correspondance fut constitué. Jusque-là la lutte des coloniaux n'avait pas été organisée et la « petite guerre » se ramenait à des émeutes semblables à celles de Boston. Rien de constructif. Les griefs individuels n'avaient pas été exploités sous la direction d'un «cerveau collectif». Jusqu'à l'initiative d'Adams, Hancock et Lee, aucun groupe ne s'était formé pour régler, une fois pour toutes, les différends avec les Britanniques.

Cependant, ces derniers ne restaient pas inactifs ; eux aussi avaient leur plan et leur «cerveau collectif» avec l'avantage de posséder de l'argent et une armée régulière.

Une décision rapide change le cours de l'Histoire

Pour remplacer Hutchinson, la Couronne nomma Gage au poste de gouverneur du Massachusetts. Son premier geste fut d'envoyer un messager chez Samuel Adams pour le sommer de rejoindre les rangs. Pour mieux comprendre la suite, voyons la conversation telle qu'elle s'engagea entre le colonel Fenton (le messager de Gage) et Adams: Le colonel Fenton: «Je suis envoyé par le gouverneur Gage pour vous confirmer, M. Adams, qu'il a plein pouvoir pour vous accorder tout ce que vous voudrez (tentative de corruption) si, au préalable, vous levez votre opposition aux mesures qu'il a prises. Il vous donne, Monsieur, un conseil d'ami : ne provoquez pas le courroux de Sa Majesté. Votre conduite est sanctionnée par une loi édictée par Henry VIII : Est envoyée en Angleterre, pour y être jugée, toute personne que le gouverneur d'une province décrète coupable de trahison. Changez votre fusil d'épaule ! Vous en retirerez de grands avantages et serez en paix avec votre roi. »

Samuel Adams avait le choix : cesser son opposition et accepter les pots-de-vin ou reconduire son action et prendre le risque d'être pendu. Il demanda au colonel Fenton de lui promettre sur l'honneur de répéter au gouverneur les termes exacts de sa réponse :

«Dites au gouverneur Gage que, depuis longtemps, je suis en paix avec le Roi des rois. La juste cause de mon pays passe avant toute considération personnelle. Acceptez le conseil d'un ami, ne heurtez pas davantage les sentiments d'un peuple exaspéré. »

Irrité par le propos d'Adams, Gage fit afficher l'avis suivant:

« Au nom de Sa Majesté, j'offre et promets Son très gracieux pardon à ceux qui, séance tenante, remettront leurs armes et se plieront aux devoirs de paisibles sujets. Toutefois Samuel Adams et John Hancock ne bénéficieront pas de ce pardon, leur infâme conduite ne méritant qu'un juste châtiment. »

De nos jours on dirait d'Adams et de Hancock qu'ils étaient «dans le bain» jusqu'au cou! Sous la menace du gouverneur, ils prirent une nouvelle décision, pas moins dangereuse que la première. Rapidement et en secret ils réunirent leurs plus fidèles partisans. Lorsque tout le monde fut là, Adams verrouilla la porte, mit la clé dans sa poche et décréta que personne ne quitterait la pièce avant l'adoption, à l'unanimité, de la décision de réunir en Congrès tous les colons.

Un brouhaha suivit. L'excitation était à son comble. Les uns envisageaient les conséquences d'un tel radicalisme, les autres exprimaient leurs doutes quant à la sagesse d'une décision si précise, qui défiait la Couronne. Seuls deux hommes, Adams et Hancock, restaient insensibles à la peur et à la possibilité d'un échec. Sous leur influence, petit à petit, chacun accepta leur solution. Le Comité de correspondance fit ce qu'il faut pour réunir le Premier Congrès continental à Philadelphie, le 5 septembre 1774.

Rappelez-vous cette date. Elle est plus importante que celle du 4 juillet 1776. Sans cette décision de tenir un congrès continental, jamais la Déclaration d'indépendance n'aurait été signée.

Avant la première réunion du Congrès, dans la province de Virginie, un autre chef de file publiait un livre explosif intitulé Vue sommaire des Droits de l'Amérique britannique. Cet autre chef n'était autre que Thomas Jefferson (qui deviendra le troisième président des États-Unis) dont les relations avec Lord Dunmore, le représentant de la Couronne dans la région, étaient aussi tendues que celles d'Adams et de Hancock avec leur gouverneur.

Peu après la publication de son livre, Jefferson apprit qu'il était recherché pour haute trahison envers le gouvernement de Sa Majesté.

Des hommes sans pouvoir, sans autorité, sans armée, sans argent, à l'ouverture du Premier Congrès continental, mais également ensuite, pendant deux ans et à intervalles réguliers, statuèrent sur le sort des colonies. Cela jusqu'au 7 juin 1776, date à laquelle Richard Henry Lee s'adressa en ces termes à la jeune Assemblée et à son président :

Messieurs, je requiers votre approbation pour la motion suivante :

les Colonies Unies sont et doivent de droit être des États indépendants, libérés de toute soumission à la Couronne britannique et de toute relation politique avec l'État de Grande-Bretagne. »

Thomas Jefferson lit à haute voix

L'étonnante proposition de Lee fut débattue avec passion et pendant si longtemps que son auteur perdit patience. Après plusieurs jours de vifs échanges, il reprit la parole et s'écria d'une voix ferme et claire : « M. le président, nous avons discuté des journées entières sur cette proposition. Elle est notre seule issue. Alors, pourquoi attendre davantage? Que cet heureux jour donne naissance à une république américaine dont la seule ambition ne sera pas de dévaster ou de conquérir, mais d'établir la paix et de la loi. »

Avant le vote final de la proposition, Lee fut rappelé en Virginie au chevet d'un membre de sa famille gravement malade; mais avant de partir, il confia sa cause à son ami Thomas Jefferson, qui promit de lutter jusqu'à ce qu'une décision favorable intervînt. Peu après, le président du Congrès, Hancock, nommait Jefferson président du Comité chargé de rédiger la Déclaration d'indépendance.

Le Comité travailla longtemps à la rédaction d'un document d'autant plus difficile à établir que chaque homme qui le signerait, après son acceptation par le Congrès, signerait en même temps son arrêt de mort au cas où, dans la bataille inévitable qui s'ensuivrait entre les colonies et la Grande-Bretagne, celle-ci remporterait la victoire.

Le 28 juin, le manuscrit était lu devant le Congrès. Pendant plusieurs jours, on en discuta les termes, on en modifia certains et enfin, le document fut prêt. Le 4 juillet 1776, Thomas Jefferson, debout devant l'Assemblée, lisait à haute voix la Déclaration née de la décision la plus importante qui ne fut jamais prise.

La Déclaration fut signée par les 56 hommes qui risquaient ainsi leur vie. Sachez bien que c'est leur esprit de décision qui amena le succès des armées de Washington. Il était en chaque combattant. Et le pouvoir de l'esprit fait reculer la défaite et la rend impossible.

Notez également que le pouvoir qui ouvrit à cette nation sa liberté est accessible à tout homme déterminé. Ce pouvoir illustre l'application des principes exposés par ce livre. Découvrez, par le récit historique de la Déclaration d'indépendance, que la victoire reposa sur six causes : le désir, la décision, la foi, la persévérance, l'élaboration de plans et l'efficacité du « cerveau collectif ».

Le pouvoir d'un esprit décidé

Tout au long de cet ouvrage, il vous sera répété qu'une pensée accompagnée d'un désir ardent tend à se transformer en son équivalent physique. La genèse de la Déclaration d'indépendance et celle de la United States Steel Corporation contient une description parfaite de la concrétisation de la pensée.

Recherchez le secret de cette méthode, mais n'attendez pas un miracle. Vous ne trouverez que les lois éternelles de la nature, que tout homme de foi et de courage peut utiliser. Elles sont nécessaires pour libérer un pays comme pour faire fortune. Ceux qui prennent leurs décisions rapidement et définitivement savent ce qu'ils veulent et généralement l'obtiennent. Un chef décide toujours vite et sûrement. C'est pour cela qu'il est le chef. Le monde admire celui dont les mots et les actes prouvent qu'il sait où il va.

L'indécision s'acquiert généralement pendant la jeunesse. Elle devient une habitude de plus en plus tenace avec le temps. Elle influence le jeune homme en quête d'un métier, si tant est qu'il arrive à en choisir un ! Elle le pousse, sitôt ses études terminées, à accepter le premier emploi qu'on lui propose. La plupart des petits salariés actuels sont "petits" parce qu'ils ont manqué de décision et de jugement lorsqu'il s'est agi de choisir.

Être précis dans ses décisions demande du courage et il en faut quelquefois beaucoup. Les 56 hommes qui ratifièrent la Déclaration d'indépendance risquèrent leur vie en y apposant leur signature. La fortune et une situation professionnelle bien assises ne sont pas à la portée de celui qui néglige ou refuse de les préparer par des plans et de les solliciter. Est assuré de faire fortune celui qui le désire, comme Samuel Adams qui désirait l'indépendance des colonies.

CHAPITRE 9

Huitième étape vers la richesse :
la persévérance

*Vous reconnaîtrez les faiblesses qui vous gênent
dans la réalisation du but que vous vous êtes fixé,
et vous les balaierez. Votre persévérance développe
progressivement un pouvoir reconnu et respecté.*

La persévérance est l'un des facteurs essentiels à la transformation du désir d'argent en son équivalent matériel ; à son origine, vous trouvez le pouvoir de la volonté.

Combinés, le pouvoir de la volonté et le désir sont irrésistibles. Les hommes qui amassent de grosses fortunes donnent souvent l'impression d'être durs et froids. La plupart du temps, on n'arrive pas à les comprendre. Au pouvoir de la volonté, ils allient la persévérance et c'est avec ces deux qualités qu'ils assurent la réalisation de leur désir.

La plupart des gens envisagent d'abandonner leurs buts et leurs projets au premier signe d'opposition ou d'échec. Très peu sont ceux qui, malgré les obstacles, persévèrent jusqu'à ce qu'ils atteignent leur but.

Le mot «persévérance» ne tient pas de l'héroïsme mais d'une qualité humaine qui est au caractère de l'homme ce que le carbone est à l'acier.

La constitution d'une fortune exige, généralement, l'application de 13 principes de base qui doivent être compris et appliqués avec persévérance.

Un désir tiède procure de maigres résultats

Si vous lisez ce livre avec l'intention d'appliquer son enseignement, la meilleure façon de tester votre persévérance sera d'observer à la lettre les six enseignements du second chapitre, à moins, bien sûr, que vous ne soyez l'un de ces rares individus à posséder déjà un but et un plan précis. Sinon, lisez ces instructions, faites-en une routine quotidienne et n'oubliez jamais de les appliquer.

Le manque de persévérance est l'une des principales causes d'échec. La plupart des gens souffrent de cette faiblesse alors qu'un remède existe. On peut cependant la combattre, d'autant plus facilement que le désir de la vaincre est grand.

Le désir est à l'origine de toute initiative. Ne l'oubliez jamais.

Un petit désir ne procure que de maigres résultats, à l'instar d'un petit feu qui ne peut donner que peu de chaleur. Si vous manquez de persévérance, combattez cette faiblesse en renforçant votre désir, jusqu'à ce qu'il devienne obsessionnel. Lisez ce livre jusqu'au bout, puis revenez au chapitre qui traite du désir et appliquez immédiatement les six instructions qui y sont rapportées. Votre ardeur à les suivre indiquera clairement la qualité de votre désir. Si vous vous sentez plus ou moins indifférent, vous manquez encore de cette « volonté d'argent » qui est indispensable à qui veut faire fortune.

De même que l'eau coule vers l'océan, la fortune coule vers ceux qui ont préparé leur esprit à la recevoir.

Si vous n'arrivez pas à persévérer, appliquez les instructions du chapitre sur le «cerveau collectif» et organisez le vôtre. Grâce aux efforts de chacun des membres, vous développerez votre persévérance. Dans les chapitres sur l'autosuggestion et le subconscient, vous trouverez d'autres suggestions dans ce sens. Suivez-les jusqu'à développer dans votre subconscient une image claire de l'objet de votre désir. Alors vous ne serez plus gêné par le manque de persévérance.

Que vous soyez éveillé ou endormi, votre subconscient reste constamment en activité.

La magie de la «volonté d'argent»

Une application occasionnelle de ces règles ne donnerait aucun résultat. Vous devez les observer continuellement jusqu'à ce que cette discipline devienne pour vous une seconde nature. C'est la seule manière pour développer votre «volonté d'argent».

La pauvreté s'empare facilement d'un esprit sans « volonté d'argent », car elle n'a pas besoin, pour s'installer, d'un esprit prêt à la recevoir. Celui qui n'est pas né avec cette «volonté d'argent» doit la créer de toutes pièces.

Avez-vous compris la signification exacte du paragraphe précédent? Oui ! alors vous pouvez comprendre pourquoi la persévérance est si importance dans la création d'une fortune. Sans persévérance vous échouerez avant d'avoir commencé.

Avez-vous déjà eu des cauchemars ? En voici un pour illustrer toute la valeur de la persévérance : vous êtes allongé sur votre lit, à demi inconscient, et vous avez l'impression que vous étouffez. Vous êtes incapable de bouger le petit doigt et vous sentez que vous devez reprendre le contrôle de vos muscles. Par des efforts persévérants de volonté, vous arrivez à mouvoir d'abord les doigts d'une main puis tout le bras. Vous continuez ces efforts et reprenez le contrôle de l'autre main puis l'autre bras, d'une jambe puis de l'autre. Enfin, vous contrôlez tout votre système musculaire et émergez du cauchemar. Vous y êtes parvenu petit à petit.

Le «guide caché»

C'est également petit à petit que votre esprit surmontera son inertie. Vous retrouverez progressivement le plein contrôle de votre volonté. Soyez persévérant.

Choisissez soigneusement les membres de votre « cerveau collectif » et vérifiez qu'au moins une personne est apte à vous aider à développer votre persévérance. Certaines personnes y furent contraintes par les circonstances.

Ceux qui ont cultivé l'habitude de la persévérance possèdent une assurance contre l'échec. Peu importe le nombre de leurs défaites, ils finiront par remporter la victoire. Parfois, il semble qu'un « guide caché » teste les hommes par toutes sortes d'épreuves. Ceux qui ne se découragent pas et l'emportent atteindront finalement leur but.

Le « guide caché » ne vous laisse rien entreprendre sans tester votre persévérance. Ceux qui ne le comprennent pas n'avancent pas.

Ceux qui le comprennent, par contre, sont largement récompensés puisqu'ils recevront ce qu'ils désireront. Ce n'est pas tout ! Ils reçoivent quelque chose de bien plus important encore : la preuve que tout échec porte en lui le germe de la réussite.

La défaite : une gêne passagère

Comme toute règle, celle-ci connaît des exceptions. Certaines personnes connaissent par expérience la valeur de la persévérance. Elles savent que les défaites ne sont que passagères et qu'elles peuvent déboucher sur des victoires avec la persévérance. Rares sont celles qui voient en la défaite un appel urgent à redoubler d'efforts. C'est alors qu'une force irrésistible et silencieuse - la persévérance - vient à leur aide pour lutter contre le découragement. Sans elle, et c'est vrai pour tous les domaines, aucun succès n'est possible.

Ayant écrit ces lignes, je délaisse un instant mon papier et regarde devant moi la grande et mystérieuse Broadway, toute à la fois cimetière de tant d'espoirs et berceau de tant de chance. Des gens du monde entier y sont venus chercher fortune, célébrité, puissance, amour et beaucoup d'autres choses. De temps en temps, un individu sort de la foule et le monde apprend qu'à nouveau quelqu'un a maté Broadway. Mais Broadway n'est pas facile à conquérir. Elle reconnaît le talent, le génie, mais ne rémunère que les persévérants.

Comment conquérir Broadway ? C'est un secret que nous révèle la lutte que mena Fanny Hurst avec sa plume. Arrivée à New York en 1915, elle ne connut pas le succès immédiatement. Pendant quatre ans, elle passa ses journées à travailler et ses nuits à espérer.

Alors que son espoir se réduisait pratiquement à néant, et plutôt que se dire: «Très bien, Broadway, tu as gagné!», elle releva la tête avec ces mots : «Je sais, Broadway, que tu en as dévoré d'autres, mais moi je suis décidée à ne pas me laisser faire et tu ne m'auras pas ! »

Ce n'est qu'après un grand nombre de refus qu'un éditeur accepta l'un de ses manuscrits et le publia. La plupart des écrivains auraient abandonné cette carrière partie à la suite du premier refus, mais parce qu'elle était décidée à gagner, elle tint bon quatre ans.

Le « guide caché » mit Fanny Hurst à l'épreuve, elle l'emporta et les éditeurs vinrent la solliciter. Elle gagna tant d'argent et si vite qu'elle arrivait à peine à le compter. Puis, les producteurs de cinéma s'emparèrent de son œuvre et les gains se multiplièrent. L'aventure de Fanny Hurst n'est pas exceptionnelle. Tous ceux qui ont gagné une grosse fortune ont dû, auparavant, acquérir la persévérance.

La persévérance est à la portée de tous

La persévérance est un état d'esprit, elle peut donc se cultiver. Voici comment y arriver :

1. La précision de l'intention. Pour développer la persévérance, il est primordial de savoir ce que l'on veut. Une inten-

tion bien ancrée aide à surmonter de nombreuses difficultés.

2. Le désir. Quand on poursuit l'objet d'un ardent désir, il est facile d'acquérir et de maintenir la persévérance.

3. La foi en soi. Croire que l'on peut mener à bien un plan encourage à le suivre avec persévérance (l'autosuggestion est conseillée pour développer la foi en soi ; voir le chapitre qui en traite).

4. La précision des plans. Des plans structurés, même s'ils sont mauvais et totalement irréalisables, sont un encouragement à persévérer.

5. Des connaissances appropriées. Savoir, par expérience, que nos plans sont bons encourage à persévérer ; l'impression, contrairement à la connaissance, détruit la persévérance.

6. La coopération. La sympathie, la compréhension des autres et la coopération harmonieuse favorisent la persévérance.

7. Le pouvoir de la volonté. La concentration sur l'élaboration des plans indispensables à la réalisation du but mène à la persévérance.

8. L'habitude. La persévérance est la conséquence directe de l'habitude.

L'esprit absorbe les expériences de la journée ; il s'en nourrit. La peur, le pire de tous les ennemis, peut disparaître entièrement par la répétition imposée d'actes de courage. Ceux qui ont servi dans l'armée pendant la guerre le savent bien.

Les ennemis de la persévérance

Avant d'en terminer avec la persévérance, procédez à votre propre évaluation, courageusement, point par point, et recherchez vos manques de persévérance. Cette analyse vous révélera peut-être certaines choses sur vous et sur vos habitudes.

Vous trouverez ici les ennemis qui sont véritablement un

obstacle à toute réalisation importante. Vous découvrirez la faiblesse de votre persévérance et ses causes inconscientes. Analysez-vous franchement si vous voulez vraiment savoir qui vous êtes et ce que vous êtes capable de faire. Voici les faiblesses qui doivent être vaincues par tous ceux qui cherchent à faire fortune :

1. L'impossibilité de reconnaître et de définir avec précision ce que l'on veut.

2. L'hésitation et son cortège d'alibis et d'excuses.

3. Le peu d'intérêt pour un enseignement spécialisé.

4. L'indécision et l'habitude de confier à d'autres les prises de décision.

5. Rechercher des excuses au lieu de créer des plans précis pour trouver une solution à un problème.

6. La satisfaction de soi, et nul remède contre cette maladie.

7. L'indifférence poussant à rechercher un compromis là où il y aurait lieu de faire face aux obstacles et d'essayer de les franchir.

8. La critique des erreurs des autres et l'acceptation des circonstances défavorables comme inévitables.

9. La négligence dans le choix des intentions qui se traduit par un refroidissement du désir.

10. La volonté, et même parfois la précipitation, d'abandonner au premier signe de défaite.

11. Des plans peu ou pas organisés et soigneusement rédigés pour pouvoir être mieux étudiés.

12. L'habitude de ne pas saisir l'occasion qui se présente.

13. Souhaiter et non vouloir.

14. Accepter des compromis avec la pauvreté au lieu de vouloir la fortune. Ne pas chercher à être, à agir et à posséder.

15. Vouloir sauter des étapes dans le chemin menant à la fortune ; rechercher à prendre sans rien donner.

16. La peur de la critique, du «qu'en-dira-t-on» qui fait échouer autant l'élaboration que l'application de plans. Cet

ennemi se tapit généralement dans le subconscient. (Voir dans un des chapitres suivants les six peurs fondamentales.)

La crainte de la critique

Étudions cette peur d'être critiqué. La plupart des gens permettent à leurs parents, à leurs amis et aux autres de les influencer tant qu'ils n'osent plus vivre leur propre vie de peur d'être critiqués.

De nombreuses personnes font de mauvais mariages et préfèrent vivre une vie malheureuse plutôt que de divorcer, par peur des critiques. Celui qui a été victime de cette peur sait l'irréparable dommage qu'elle commet en détruisant toute ambition et tout désir de réussite.

Des millions de gens, après avoir terminé, leur parcours scolaire, renoncent à un enseignement complémentaire par peur d'être critiqués.

Des hommes et des femmes de tout âge laissent leurs parents briser leur vie par peur de la critique. Or le devoir n'exige pas la destruction des ambitions personnelles.

Par peur d'être critiqués en cas d'échec, des gens refusent de prendre leur chance en affaires. La peur des critiques est ici plus forte que le désir de la réussite.

Trop d'individus renoncent à leurs ambitions ou à la profession qui les tente, de crainte des remarques de leurs parents et de leurs faux amis : « Il est fou ! Qu'est-ce que les gens vont penser... »

Lorsque Andrew Carnegie m'encouragea à consacrer 20 ans de ma vie à l'élaboration d'une philosophie du succès, ma première réaction fut : « Qu'est-ce que les gens vont dire ? » Une voix me glissait à l'oreille : « C'est un énorme travail qui exige beaucoup de temps. — Tu n'y arriveras pas ! — Et comment gagneras-tu ta vie ?

— Personne n'a jamais songé à bâtir une philosophie du succès, quel droit as-tu de t'en croire capable? — Souviens-toi de ton humble origine — Que sais-tu de la philosophie? Les gens vont te prendre pour un fou (ils n'y manquèrent pas !) Est-ce une bonne idée ? »

Ces questions et beaucoup d'autres assaillirent mon esprit et m'obligèrent à réfléchir. Si j'acceptais le projet de Carnegie, il me semblait que le monde entier me ridiculiserait.

J'avais là une belle occasion de tuer toute ambition. Plus tard, après avoir étudié la vie de milliers de personnes, je fus effaré de la quantité d'idées qui sont mort-nées car leur vie leur est insufflée uniquement par les plans précis d'une action immédiate. La plupart des idées sont anéanties dans l'œuf par la peur de la critique.

Provoquer la chance

Beaucoup de personnes vous affirmeront que le succès matériel est dû au seul hasard. Mais ceux qui ne comptent que sur la chance sont généralement déçus parce qu'ils ne savent pas que les coups de chance se provoquent.

Pendant la crise de 1929, le comédien W. C. Fields perdit son argent et se retrouva sans revenu et sans travail, le vaudeville ayant été rayé du théâtre. Il avait plus de 60 ans, un âge où beaucoup d'hommes se considèrent déjà comme vieux. Il était si pressé de retrouver les planches qu'il frappa à la porte d'une industrie alors naissante, le cinéma parlant, pour proposer gracieusement ses services. Il tomba et se blessa au cou. À sa place, bien des gens auraient abandonné l'idée, mais Fields était persévérant. Il savait que s'il persévérait il aurait sa chance un jour ou l'autre, et il l'eut !

On ne peut compter que sur la chance que l'on provoque et, pour la provoquer, la persévérance d'arriver au but que l'on s'est fixé est indispensable.

Chacun voulait l'autre

Il était une fois un souverain d'un grand empire. Cependant, dans son cœur, le prince de Galles était un homme seul. Il avait songé à se marier. Toutes les princesses d'Europe entretenaient un fol espoir. Il vécut à son gré pendant plus de 40 ans et quand il devint Edouard VII, il se trouva face au vide qu'il ressentait et que ses sujets ne pouvaient comprendre; un vide que seul l'amour pouvait remplir.

Que dire de Wallis Simpson? Elle essuya deux échecs matrimoniaux et persistait dans sa recherche de l'amour qu'elle considérait comme le premier devoir ici-bas. Qu'y a-t-il de plus grand ?

Si jamais vous pensiez à elle, pensez à une femme qui savait ce qu'elle voulait et qui, pour l'avoir, fit trembler un grand empire. Femmes, vous, qui vous vous plaigniez que le monde soit fait par et pour les hommes, voyez la vie de celle qui, à l'âge où bien d'autres se croient déjà vieilles, conquit le cœur du célibataire le plus convoité.

Que dire du roi Édouard. Paya-t-il trop cher le seul amour qu'il ne porta jamais à une seule femme ?

Ce n'est pas à nous de répondre ; cependant, nous pouvons apprécier la qualité de sa décision et le prix qu'il dut payer.

Le duc et la duchesse de Windsor se réconcilièrent finalement avec la famille royale. Leur histoire d'amour et leur persévérance semblent appartenir à une autre époque.

Demandez aux 100 premières personnes que vous rencontrerez sur ce qu'elles désirent le plus dans la vie. 98 ne le sauront pas. Si vous les pressez de répondre, quelques-unes répondront: « la sécurité », beaucoup : « l'argent », peu : « le bonheur », d'autres :« la célébrité et le pouvoir » ou : « un rang dans la société », « être à l'aise dans la vie», « pouvoir danser, chanter, écrire», mais toutes seront bien incapables de toute précision ou indication quant à un plan préétabli. La richesse ne s'obtient pas par des souhaits,mais par des plans précis, des désirs définis et une persévérance qui jamais ne faiblit.

Les quatre étapes vers la persévérance

Franchir ces quatre étapes n'exige ni aucune intelligence particulière, aucune instruction particulière, aucun effort particulier. Il suffit d'avoir :

1. Un but bien précis et le fort désir de le réaliser.
2. Un plan précis qui s'exprime par une action soutenue.
3. Un esprit totalement fermé aux influences pernicieuses ainsi qu'aux suggestions négatives des parents, des amis et de l'entourage.
4. Une relation amicale avec celui ou ceux qui vous encourageront à persister dans votre plan et vers votre but.

Il est indispensable de passer ces étapes pour réussir quoi que ce soit. Du reste, l'énoncé des 13 lois de cette philosophie du succès et la manière de les appliquer insistent sur la nécessité d'en faire des habitudes.

Par la mise en pratique de ces lois, l'homme contrôle son destin financier, conquiert la liberté et l'indépendance de la pensée, la fortune, le pouvoir, la célébrité, se garantit des coups de chance, transforme ses rêves en réalité, domine la peur, le découragement et l'indifférence.

Utilisation de l'intelligence infinie

Quel pouvoir mystique offre aux hommes persévérants la possibilité de surmonter les difficultés? La persévérance suscite-t-elle une certaine forme d'activité spirituelle, mentale ou chimique ouvrant la porte à des forces surnaturelles ? L'Intelligence infinie assiste-t- elle celui qui se bat encore alors que la bataille est déjà perdue, et que le monde entier est contre lui?

Je me suis posé ces questions et bien d'autres encore alors que j'étudiais la vie d'hommes tel qu'Henry Ford, qui commença à zéro et finit avec un empire industriel immense avec pour seul atout la persévérance, ou Thomas Edison qui n'étudia que trois mois à l'école et, néanmoins, inventa la machine parlante, le cinéma, l'ampoule incandescente, sans parler d'une cinquantaine d'autres inventions, et tout cela uniquement par sa persévérance

J'ai eu l'heureux privilège de passer des années à scruter la vie de ces deux hommes singuliers et je parle en connaissance de cause lorsque je dis que je n'ai trouvé en eux qu'une explication à leur réussite extraordinaire : la persévérance.

L'étude des prophètes, des philosophes, des hommes qui accomplirent des miracles et des chefs religieux du passé met en évidence des points communs : la persévérance, la concentration dans l'effort et la précision du but visé.

Par exemple, Mahomet fit preuve de persévérance et réussit ; les hommes qui ont réussi dans notre monde moderne de l'industrie et de la finance firent également preuve de persévérance.

Si vous voulez en savoir plus sur la force de la persévérance, lisez une biographie de Mahomet, de préférence celle d'Essad Bey. Une brève analyse parue dans Herald Tribune sous la plume de Thomas Sugrue laisse pressentir l'intérêt de cette lecture.

Le compte-rendu de Thomas Sugrue

Mahomet est considéré comme un prophète alors qu'il ne fit jamais de miracles, ni ne fut mystique, ni ne fit d'études spéciales. Il ne se révéla publiquement qu'à l'âge de 40 ans, affirmant être le messager de Dieu, porteur de la Parole et de la vraie religion. Il fut ridiculisé et traité de fou. Les enfants lui faisaient des crocs-en-jambe et les femmes lui jetaient des ordures. Il fut chassé de sa ville natale, la Mecque, et ses fidèles, dépouillés de leurs biens, le suivirent dans le désert. Après 10 ans de prêche, il ne récoltait qu'exil, pauvreté et moquerie. Cependant, avant la fin des 10 années suivantes, il était le grand maître de toute l'Arabie, le gouverneur de la Mecque et le chef d'une religion nouvelle qui allait se répandre du Danube aux Pyrénées jusqu'à ce que s'émoussât l'élan qu'il lui avait donné et qui tenait au pouvoir des mots, à l'efficacité de la prière, à l'intimité de l'homme avec Dieu.

Mahomet était issu d'une famille de la Mecque, capitale du commerce, carrefour des routes mais ville malsaine où les enfants, souvent confiés à des bédouins, partageaient la vie de ceux qui les nourrissaient. C'est ainsi que Mahomet, après avoir gardé les moutons, devint chef-caravanier pour le compte d'une riche veuve qui l'épousa quand il eut 28 ans; il fit ainsi de nombreux voyages, ce qui lui permit d'acquérir de mieux connaître les hommes.

Mahomet avait remarqué que le christianisme perdait de son élan, faute d'unité.

Pendant les 12 premières années de mariage avec Khadija, Mahomet vécut en marchand riche, sage et respectable. Puis il partit pour le désert, en revint avec le premier verset du Coran et dit à Khadija que l'archange Gabriel lui était apparu et l'avait appelé le messager de Dieu. Ce qui ressemble le plus à un miracle dans la vie de Mahomet, c'est bien le Coran. De toute sa vie de voyageur, de commerçant, jamais Mahomet n'avait manifesté le moindre don pour la poésie ou l'éloquence. Or les versets du Coran, tels qu'il les reçut et les transmit, étaient l'œuvre d'un poète. Pour les Arabes, le don des mots est magistral. De plus, le Coran disait que tous les hommes étaient égaux devant Dieu et que l'Islam devait créer un État démocratique. Cette hérésie politique et le désir de Mahomet de détruire les 360 idoles de la Casbah furent à l'origine de son exil.

Les tribus du désert venaient à la Mecque adorer les idoles, contribuant en cela à la prospérité de la région. C'est pourquoi les hommes d'affaires de la Mecque s'opposèrent à Mahomet qui avait été un des leurs. Il se retira dans le désert pour implorer la miséricorde de Dieu sur le monde.

L'Islam commençait sa percée. Du désert jaillit une

flamme qui enflamma les hommes ; une armée démocratique se levait, prête à affronter la mort. Mahomet avait invité
les juifs et les chrétiens à se joindre à lui, il demandait à tous
ceux qui croyaient en un seul Dieu d'accepter sa supréma-
tie. Si les juifs et les chrétiens avaient accepté sa proposition,
l'Islam aurait conquis le monde entier. Lorsque les armées
du prophète entrèrent dans Jérusalem, elles épargnèrent les
membres des autres confessions. Lorsque les Croisés prirent
la ville, des siècles plus tard, ils n'épargnèrent pas un homme,
pas une femme, pas un enfant de religion musulmane. Toutefois les chrétiens acceptèrent des musulmans une idée : celle
de l'université, le lieu d'où rayonne le savoir.

CHAPITRE 10

Neuvième étape vers la richesse : le pouvoir du «cerveau collectif»

L'alliance coopérative de l'économie et du psychisme.
Le pouvoir du «cerveau collectif»
contribue à faire fortune et fait prospérer votre argent.

Faire fortune exige du pouvoir.

Élaborer des plans est inutile sans le pouvoir de les exécuter. Ce chapitre vous expliquera comment acquérir et utiliser le pouvoir.

Si nous définissons le pouvoir comme étant une connaissance organisée et intelligemment dirigée, pour notre sujet, il désignera un effort organisé assez important pour permettre à un individu de transformer son désir en équivalent monétaire. L'effort organisé, c'est la coordination d'au moins deux personnes qui, dans un esprit d'entente, travaillent dans un but bien défini.

Le pouvoir est nécessaire pour acquérir une fortune et pour la conserver.

Voyons comment on peut acquérir le pouvoir. S'il est « une connaissance organisée », quelles sont ses sources ?

1. L'Intelligence infinie. Cette source de connaissance peut être obtenue comme nous l'avons décrit dans un autre chapitre et avec l'aide de l'imagination créatrice.

2. L'expérience collective. L'expérience collective humaine (ou du moins celle qui a été organisée et enregistrée) est accessible dans toute bibliothèque municipale bien garnie.

Elle est abondamment enseignée et étudiée dans les écoles publiques et dans les facultés.

3. Les études et les recherches. Cela concerne tous les secteurs où l'homme a cherché, trouvé et classifié les dernières découvertes. Il faut se référer à ces sources individuelles lorsque les connaissances ne peuvent s'acquérir par l'expérience collective. L'imagination créatrice peut également aider.

La connaissance, ainsi obtenue, peut être transformée en pouvoir si elle est utilisée avec des plans précis qui se traduiront en actes.

Le secret du succès d'Andrew Carnegie

Le « cerveau collectif » naît des efforts conjugués de deux individus et plus qui œuvrent dans un esprit d'harmonie, vers un but précis. Sans la coopération d'un « cerveau collectif », aucun individu ne peut profiter d'un tel pouvoir.

Un précédent chapitre indiquait comment établir ces plans qui transforment le désir en une réalité concrète. Si vous appliquez ces instructions avec persévérance et intelligence, si vous sélectionnez avec discernement les membres de votre « cerveau collectif », avant même que vous ne vous en rendiez compte, votre objectif sera à moitié atteint.

Nous allons maintenant étudier deux particularités du « cerveau collectif», l'une d'ordre financier et l'autre d'ordre psychique.

Celui qui s'entoure d'hommes bienveillants, avisés, prêts à l'aider dans un esprit de parfaite harmonie, celui-là possède des avantages économiques certains car cette forme d'alliance est à la base de presque toutes les grosses fortunes. Mieux vous comprendrez cette réalité et plus vite verrez-vous votre argent prospérer !

L'aspect psychique est plus subtil. Deux esprits qui travaillent ensemble libèrent une troisième force, invisible et intangible, proche d'un troisième esprit.

L'esprit humain dégage de l'énergie dont une partie demeure d'essence spirituelle. Lorsque deux personnes s'unissent pour travailler dans un esprit d'harmonie, elles dégagent une énergie spirituelle qui est le noyau ou l'élément psychique du « cerveau collectif».

Le principe du «cerveau collectif» me fut révélé par Andrew Carnegie, 50 ans auparavant et il détermina le choix de ma profession.

Le « cerveau collectif» de M. Carnegie regroupait une cinquantaine de personnes qu'il avait choisies dans le but bien défini de fabriquer et vendre de l'acier. Jamais il n'a douté que la totalité de son immense fortune tenait du pouvoir que lui dispensait son « cerveau collectif ».

Tous ceux qui ont fait fortune ont recouru, consciemment ou non, à un « cerveau collectif ».

De ce principe, vous tirerez un grand pouvoir.

Ne nous limitez pas à votre seule matière grise

Le cerveau de l'homme s'apparente à une batterie électrique. Il est bien connu que plusieurs batteries fournissent plus d'énergie qu'une seule, et que l'énergie émise par une seule batterie dépend du nombre et de la capacité de ses éléments.

Sachant que certains cerveaux sont plus efficaces que d'autres, nous pouvons dire que plusieurs cerveaux coordonnés harmonieusement produisent plus d'énergie qu'un seul cerveau.

Ne vous étonnez donc plus que le «cerveau collectif» soit

la clé du pouvoir que possèdent les hommes qui savent bien s'entourer.

Pour ce qui est de l'aspect psychique du « cerveau collectif», l'énergie résultante de l'interaction harmonieuse de plusieurs cerveau profite à chacun des cerveaux de ce groupe.

Alors qu'Henry Ford commença sa carrière professionnelle dans des conditions plutôt défavorables, sans instruction, pauvre et ignorant, en l'espace de seulement 10 ans il surmontait ces trois handicaps, et en l'espace de 25 ans devenait l'un des hommes les plus riches d'Amérique. Pendant ces 25 années de succès, il devint l'ami intime de Thomas Edison. Imaginez l'influence d'un esprit sur un autre ? Ford réalisa ses plus grandes entreprises quand il se lia avec deux hommes extrêmement intelligents, Harvey Firestone et John Burroughs. N'est-ce pas une preuve supplémentaire du pouvoir de l'association d'esprits ?

Il faut profiter de la nature, des habitudes et du pouvoir de ceux qui nous sont les plus proches. Pour s'être lié à Edison, Burbank, Burroughs et Firestone, Henry Ford ajouta au pouvoir de son propre cerveau l'intelligence, l'expérience, les connaissances et les forces spirituelles de ces quatre hommes. En fait, il appliqua le principe du «cerveau collectif» en suivant les méthodes décrites dans ce livre.

Ce principe vaut également pour vous

Nous avons déjà cité le Mahatma Gandhi.

Son pouvoir exceptionnel peut se résumer en quelques mots : la coopération harmonieuse du corps et de l'âme de deux cents millions de personnes dans un seul but bien précis.

L'action de Gandhi tient du miracle, car c'est un miracle de convaincre tout un peuple de coopérer harmonieusement. Si vous doutez de la difficulté de l'entreprise, essayez de persuader deux personnes, n'importe lesquelles, de coopérer harmonieusement ! Celui qui dirige une entreprise sait qu'il est presque impossible d'obtenir cette performance de ses employés.

Lorsque plusieurs personnes s'associent harmonieusement à des fins précises, elles se préparent à tirer force et pouvoir de ce grand centre universel : l'intelligence infinie. C'est la plus importante des sources de pouvoir dans laquelle les génies et les grands chefs puisent, consciemment ou non.

Les deux autres sources de la connaissance qui procurent le pouvoir ne sont pas plus sûres que nos cinq sens.

Dans les chapitres suivants, vous découvrirez comment communiquer avec l'intelligence infinie.

Je ne désire pas faire un cours de religion. Aucun des principes, aucune des lois exposées dans ce livre ne prétend s'ingérer directement ou indirectement dans une ascèse religieuse. Ce livre n'a d'autre but que d'apprendre au lecteur comment transformer son désir précis d'argent en son équivalent matériel.

Lisez, réfléchissez et méditez. Procédez ainsi jusqu'à ce que le sujet se déroule devant vous dans son intégralité, jusqu'à ce que vous en ayez une vue d'ensemble qui vous échappe pour l'instant puisque vous assimilez cet ouvrage chapitre par chapitre.

La pauvreté ne requiert aucun plan

L'argent est timide et méfiant. Il faut lui faire la cour et le gagner par des méthodes qui ressemblent à celles des amoureux cherchant à conquérir la jeune fille de leurs pensées. Aussi étrange que cela paraisse, le pouvoir nécessaire pour gagner de l'argent n'est pas très différent de celui qui est nécessaire pour gagner le cœur d'une jeune fille. Dans les deux cas, le pouvoir doit être imprégné de foi, de désir et de persévérance, et être utilisé selon un plan d'action précis. Quand l'argent afflue, c'est avec la force d'un torrent. Ce torrent dont les eaux coulent vers la richesse pour certaines et vers la pauvreté pour d'autres, nous l'avons tous en nous.

La pauvreté et la richesse échangent souvent leur place. La richesse ne peut cependant se substituer à la pauvreté que si des plans sont conçus et exécutés dans ce sens. La pauvreté est timide et réservée. Pour l'avoir, il faut l'attirer.

CHAPITRE 11

Dixième étape vers la richesse :
le mystère de la transmutation sexuelle

Vous découvrirez comment tout homme qui recherche la
prospérité peut recourir à l'énergie sexuelle.
Vous apprendrez comment les femmes aident les hommes à
réussir et comment profiter au maximum de cette aide.

La transmutation désigne simplement le changement ou la transformation d'un élément en un autre.

L'émotion sexuelle mène à un état d'esprit.

Cet état d'esprit est faussement rattaché à une émotion d'ordre physique alors que l'émotion sexuelle vise :

1. La continuité du genre humain,
2. le maintien de la santé (en tant qu'agent thérapeutique, il est excellent),
3. l'évolution de la médiocrité vers le génie.

Cette transformation ou transmutation sexuelle s'explique facilement : l'esprit s'éveille et délaisse les pensées d'expression physique au profit de pensées plus hautes ou simplement d'un autre ordre.

Le désir sexuel dépasse de loin tous les autres désirs. Il stimule et développe l'imagination, la finesse de perception, le courage, la volonté, la persévérance et le pouvoir créateur.

Il est si fort, si impérieux, qu'il pousse certains êtres à risquer leur vie et leur réputation pour le satisfaire. Contrôlée, transmutée, c'est-à-dire transformée et redistribuée, cette énergie, intacte, peut alors être utilisée en tant que force créatrice et inspiratrice dans le domaine de la littérature, des arts, des sciences et de toute autre activité, y compris, bien sûr, la poursuite de la richesse.

Transformer son énergie sexuelle demande un très grand effort de volonté, mais est largement récompensé.

Le désir sexuel est naturel et inné. Il ne peut ni ne doit être refoulé mais transformé afin d'enrichir le corps, l'esprit et l'âme. Faute de le magnifier, il ne s'exprimera que sur le plan physique.

Le cours d'une rivière peut être arrêté par un barrage, mais sans drainage l'eau se frayera un autre chemin. De même pour l'émotion sexuelle qui peut être contrôlée, mais dont la nature l'oblige à s'exprimer. S'il n'y a pas transformation en quelque effort de création, elle n'aboutira qu'à des résultats restrictifs.

Le pouvoir sexuel est un pouvoir conducteur

Celui qui est capable de transformer son énergie sexuelle en une énergie créatrice peut s'estimer heureux. Une étude scientifique montre que :

1. Les hommes qui réussissent le mieux sont ceux qui ont un tempérament sexuel très fort et savent utiliser l'énergie correspondant à autre chose ;

2. les hommes qui ont amassé une grosse fortune et ont réussi dans la littérature, des arts, l'industrie, l'architecture et toute profession en général, ont subi l'influence d'une femme.

Cette étude s'appuie sur deux siècles de biographies et d'histoire.

L'énergie sexuelle est une force irrésistible qui ne connaît pas d'opposant. Les hommes guidés par cette énergie acquièrent un superpouvoir d'action. Cette vérité est essentielle pour comprendre pourquoi la transmutation ou la transformation de l'énergie sexuelle détient le secret du pouvoir créateur.

Détruire les glandes sexuelles de l'homme, c'est détruire sa plus grande source d'action.

Les stimulants de l'esprit (les bons comme les mauvais)

L'esprit humain doit absorber des stimulants pour vibrer, s'enthousiasmer, créer, développer son imagination, désirer intensément, etc. Les stimulants les plus efficaces sont :

1. le désir sexuel ;
2. l'amour ;
3. la soif de célébrité, pouvoir, gain ou fortune ;
4. la musique ;
5. l'amitié avec des personnes du même sexe ou du sexe opposé ;
6. un «cerveau collectif»: deux personnes ou plus mettent en commun leurs connaissances pour progresser ;
7. des souffrances partagées, par exemple celles d'un peuple persécuté ;
8. l'autosuggestion ;
9. la peur ;
10. les narcotiques et l'alcool.

Le désir sexuel vient première position, plus puissant que tout autre pour animer et mettre en marche les rouages de l'action. L'examen de cette liste montre que huit de ces stimulants sont naturels et constructifs, et deux sont destructifs. Elle confirme que l'émotion sexuelle est le plus intense et le plus puissant des stimulants.

Un sot a donné l'image suivant du génie : un homme qui « porte des cheveux longs, mange une nourriture bizarre, vit seul et sert de cible aux humoristes». Je préfère cependant, de loin, celle-ci : «Un homme qui a découvert comment augmenter l'intensité de sa pensée au point de pouvoir communiquer librement avec des sources de connaissance insoupçonnées d'une pensée ordinaire. »

Comment, me direz-vous, peut-on communiquer avec des sources de connaissance qui sont encore insoupçonnées de la pensée ordinaire ? Également, ces sources ne sont-elles à la portée que des seuls génies ? Si oui, quelles sont-elles et pourquoi sont-elles à leur portée ?

Répondons à ces deux questions.

Votre sixième sens: l'imagination créatrice

Beaucoup penche pour l'existence d'un sixième sens, en l'occurrence l'imagination créatrice, une faculté que la plupart des gens n'utilisent jamais, à moins que ce ne soit par hasard. Or, ceux qui sont capables de s'en servir consciemment, ceux-là sont des génies.

L'imagination créatrice est lea passerelle reliant l'esprit limité de l'homme à l'intelligence infinie. Que ce soit dans le domaine religieux ou dans celui de l'invention, les révélations et toutes les découvertes tirent leur source de l'imagination créatrice.

Une pensée exaltante

Les idées venant à votre esprit proviennent de l'une des sources suivantes :

1. de l'intelligence infinie ;
2. du subconscient où résident les impressions et les élans de la pensée n'ayant pas atteint le cerveau par l'un des cinq sens;

3. d'une autre personne libérant une pensée, une image ou une idée de son conscient;
4. du subconscient des autres.

Aucune autre source d'idées connue.

Soumis à un ou plusieurs des 10 stimulants que nous avons relevés, l'individu a l'impression de planer bien au-dessus du domaine ordinaire de la pensée, gagnant une vision d'ensemble de la portée et de la qualité de ses pensées jusque-là totalement inconnue. Il est impossible d'avoir cette vision à partir de la routine de notre quotidien.

Un individu capable d'élever sa pensée est comparable à un pilote d'avion qui, du haut des airs, jouit d'un champ de vision mille fois plus grand.

Occupé par des pensées de cet ordre, il n'est ni troublé, ni limité par les problèmes et les besoins de l'existence. Sa nourriture, ses vêtements, son logement, tout cela le laisse indifférent. Il se trouve dans un monde délivré de ces classiques et quotidiennes préoccupations. Dans cette exaltation, la faculté créatrice de l'esprit est libre. Réalisant que la voie lui est ouverte, elle peut donner libre cours à pouvoir. La personne découvre des idées qui n'auraient pu l'atteindre en d'autres circonstances. Le sixième sens est la faculté qui différencie un génie du commun des mortels.

La voix intérieure

La faculté créatrice répond davantage à des facteurs rattachés au subconscient. Plus cette faculté se manifeste, plus l'individu y prête attention et l'incite à se manifester.

Ce que l'on désigne sous le nom de « conscience » opère entièrement par intermédiaire de ce sixième sens.

Les grands artistes, les écrivains, les musiciens, les poètes sont devenus célèbres pour avoir su se fier entièrement à « la petite voix » qui parle en eux grâce à l'imagination créatrice. Les personnes qui ont une vive imagination savent bien qu'elles doivent leurs meilleures idées à l'inspiration.

Je connais un grand orateur qui ne connût la célébrité que lorsqu'il prit l'habitude de fermer les yeux et d'écouter son imagination créatrice. Quand on lui demandait pourquoi il fermait les yeux avant de prononcer les passages clés de son discours, il répondait : « Parce que j'exprime alors les idées qui me sont suggérées par ma voix intérieure. » L'un des financiers américains les plus riches et les plus célèbres fermait les yeux deux ou trois minutes avant de prendre une décision. On lui en demanda la raison et il déclara : « Fermer les yeux me permet d'atteindre des sources d'intelligence supérieure. »

Il attendait des idées

Feu le docteur Elmer R. GATES, de Chevy Chase, dans le Maryland, déposa plus de 200 brevets d'invention (quelques-uns furent très importants) en cultivant et en utilisant son imagination créatrice. Sa méthode est à la fois significative et intéressante pour celui qui aspire à entrer dans le monde des génies, auquel appartient sans nul doute le Dr Gates. Il fut un grand savant, bien que l'on lui ait fait très peu de publicité.

Dans son laboratoire, il avait ce qu'il appelait sa « chambre de communications personnelles » qui étaient une pièce insonorisée, avec pour seul meuble une petite table sur laquelle était posé un bloc de papier à lettres. Un interrupteur sur le mur permettait d'allumer et d'éteindre la lumière. Lorsque le Dr Gates désirait puiser dans les forces de son imagination créatrice, il entrait dans cette pièce, s'asseyait à la table, dans le noir et se concentrait sur les faits connus du domaine qu'il désirait approfondir ou découvrir. Il demeurait ainsi jusqu'à ce que des idées lui viennent.

Un jour, elles vinrent en si grand nombre et avec une si grande intensité qu'il lui fallut trois heures pour les écrire.

Ensuite, examinant ses notes, il s'aperçut qu'elles décrivaient minutieusement des phénomènes inconnus du monde scientifique et qu'elles constituaient une réponse intelligente au problème qu'il se posait.

Le docteur Gates gagnait sa vie en recherchant des idées pour des particuliers et des entreprises. Quelques-unes des plus grandes compagnies des États-Unis lui versèrent d'importants émoluments.

Le raisonnement humain est souvent faussé parce qu'il s'appuie en grande partie sur l'expérience personnelle. Or, un enseignement tiré uniquement de l'expérience n'est pas toujours bon et toujours juste. Les idées transmises par notre imagination créatrice sont bien plus sûres car provenant de sources plus pures sur lesquelles on peut davantage compter.

La source du génie est à votre portée

Quelle est la différence entre un génie et un simple inventeur? Le premier travaille avec son imagination créatrice alors que le second ignore tout de cette faculté. L'inventeur scientifique utilise les deux imaginations, celle synthétique et celle créatrice.

Par exemple, l'inventeur scientifique utilise son imagination synthétique pour organiser et combiner des idées connues et des principes nés de l'expérience. S'il n'arrive à aucun résultat, il recourt à son imagination créatrice. La méthode employée varie selon les individus, mais en voici l'essentiel:

1. L'inventeur choisit un stimulant pour projeter son esprit à un niveau plus élevé.

2. Il travaille sur des éléments connus et crée dans son esprit une image détaillée des éléments inconnus. Il la garde en tête jusqu'à ce que le subconscient s'en empare, puis se détend en éliminant toute pensée, dans l'attente de la réponse.

Les résultats peuvent être précis et immédiats, ou inexistants. Cela dépend du degré de développement de l'imagination créatrice.

Edison testa en vain plus de 10 000 combinaisons d'idées nées uniquement de son imagination synthétique. Ce n'est que lorsqu'il utilisa son imagination créatrice qu'il mit au point sa lampe incandescente. De même pour le phonographe.

Le rôle important de l'imagination créatrice ne peut être mis en question. Il se manifeste dans la vie de tout homme ayant acquis une expertise dans sa profession. Lincoln est le parfait exemple d'un grand dirigeant qui donna le meilleur de soi lorsqu'il utilisa son imagination créatrice.

L'énergie sexuelle est transmutée

La petite histoire ne manque pas de récits sur les exploits d'hommes célèbres. Or, presque toujours, nous trouvons une femme qui éveilla leur imagination créatrice en stimulant leur désir sexuel.

Tant que Napoléon Bonaparte conserva Joséphine auprès de lui, il fut irrésistible et invincible. Lorsqu'il la répudia, son étoile faiblit et il connut Waterloo et Sainte-Hélène.

Napoléon n'est pas le seul à témoigner de la puissance positive de l'énergie sexuelle.

L'esprit humain vibre et répond aux stimulants ! Le plus puissant reste la sollicitation sexuelle. Transmutée, c'est-à-dire transformée et dirigée, elle peut porter un homme vers les plus hautes sphères de la pensée, celles où il devient capable de maîtriser ces mêmes soucis et complications qui minaient sa vie lorsqu'il se trouvait à un niveau inférieur.

Je doute que vous trouviez un seul homme, dans toute l'histoire de l'humanité, qui ait réussi de façon extraordinaire, peu importe dans quoi, sans un tempérament ardent.

L'énergie sexuelle est l'énergie créatrice de tous les génies. Je n'ai trouvé aucun grand chef, grand bâtisseur ou grand artiste qui ait été dépourvu de cette force sexuelle créatrice, et je doute que cela puisse exister.

Attention ! Un fort appétit sexuel n'est nullement synonyme de génie ! Avant de prétendre au titre de génie, il faut avoir accès aux forces de l'imagination créatrice.

L'énergie sexuelle a beau être le premier des stimulants, elle ne suffit pas à faire de vous un génie. Le désir d'un contact physique doit être transmuté en une autre forme de désir ou d'action.

Si vous réussissez à sublimer ainsi le désir sexuel, vous pouvez espérer une carrière de génie.

Gaspillage de l'énergie sexuelle

Parmi toutes les 25 000 personnes dont j'ai étudié la vie, rares sont celles qui ont connu le succès avant l'âge de 40 ans. Le plus souvent, elles y goûtent après avoir dépassé la cinquantaine. Cette constatation fut si frappante que je décidai d'étudier plus à fond cette réalité.

Les jeunes gens ont tendance à gaspiller l'énergie de leur émotion sexuelle dans des actes physiques répétés, peut-être parce que l'on ne leur a jamais appris que l'énergie sexuelle peut servir à des fins créatrices. La plupart de ceux qui font cette découverte, ils la font après un gaspillage de plusieurs années, là où l'énergie sexuelle est à son apogée, soit avant 45-50 ans. C'est à ce moment-là que les réussites s'enregistrent.

Jusqu'à l'âge de 40 ans, la vie n'est qu'un gaspillage d'énergie qui, si elle avait été dirigée vers un seul but, aurait donné d'excellents résultats. Les émotions les plus vives et les plus fortes sont éparpillées aux quatre vents.

La nature offre de grands stimulants

Nombre de ces génies qui nous sont rapportés dans l'histoire humaine le sont devenus pour avoir usé de stimulants artificiels, d'alcool et de narcotiques. Edgar Allan Poe écrivit

Le Corbeau sous l'influence de l'alcool « rêvant de rêves que les mortels n'osèrent jamais rêver auparavant ». James Whitcomb Riley écrivit ses meilleures œuvres en état d'ivresse. Peut-être vit-il vraiment « l'enchevêtrement ordonné du rêve et de la réalité, le moulin sur la rivière et la brume sur le fleuve ». Robert Burns n'écrivit jamais mieux que lorsqu'il était intoxiqué.

Le revers de cette médaille, c'est que beaucoup de ces hommes se sont finalement détruits eux-mêmes. La nature ne nous a pourtant pas privé de ses propres remèdes sans danger pour leur esprit. Les stimulants naturels n'ont pas encore d'équivalents.

Les psychologues savent qu'il existe une relation très étroite entre les désirs sexuels et les impératifs spirituels, d'où l'étrange attitude de ces gens qui participent aux orgies dites « réveils », une pratique religieuse courante chez les primitifs.

Le monde est régi par les émotions humaines. Nous agissons plus sous le coup de nos « sentiments » que poussés par la raison. Ce sont eux qui inspirent notre imagination créatrice et non la raison, trop froide pour cela. L'émotion sexuelle est le plus puissant de nos stimulants. Bien sûr, nous avons d'autres stimulants, et nous en avons mentionné quelques-uns, mais aucun ne peut rivaliser avec le désir sexuel.

Un stimulant permet, soit temporairement, soit en permanence, de communiquer avec l'intelligence infinie et même avec le subconscient (le sien mais également celui des autres).

L'énergie sexuelle au service du secteur commercial

Un homme, qui a formé plus de 30 000 personnes au métier de la vente, s'aperçu, avec étonnement, que celles à l'énergie sexuelle plus forte étaient les meilleurs vendeurs. Leur secret ? « un magnétisme personnel » qui n'est ni plus ni moins que l'énergie sexuelle. Un certain désir sexuel confère toujours un grand « magnétisme » qui facilite les contacts avec autrui. Cette énergie peut se manifester dans :

1. La poignée de main. La présence ou l'absence de magnétisme se sent immédiatement.

2. Le ton de la voix. Le magnétisme ou l'énergie sexuelle colore la voix, la rendant charmeuse et musicale.

3. Les gestes et la démarche. L'énergie sexuelle pousse à la vivacité, à la grâce et à l'aisance.

4. La coquetterie vestimentaire. Les personnes à forte énergie sexuelle sont généralement très soigneuses et coquettes. Elles choisissent les vêtements qui collent exactement à leur personnalité et à leur physique.

5. Les ondes de la pensée. L'énergie sexuelle envoie des ondes qui affectent les pensées ; on peut diriger à volonté cette énergie et influencer ses pensées et celles des autres.

Au moment d'engager des vendeurs, un bon directeur des ventes recherche avant tout le magnétisme personnel. Les gens qui manquent d'énergie sexuelle sont incapables de ressentir et de communiquer un enthousiasme ; or, cette qualité est une des plus importantes dans l'art de la vente.

Le conférencier, le prédicateur, l'avocat ou le vendeur qui manquent d'énergie sexuelle ne peuvent influencer qui que ce soit. Ajouter à cela que la plupart des gens ne peuvent être influencés que si l'on fait appel à leurs émotions et vous comprendrez l'importance de l'énergie sexuelle chez le vendeur. Les vendeurs qui réussissent sont ceux qui savent, consciemment ou non, transmuter leur énergie sexuelle en enthousiasme.

Cette transmutation demande plus de volonté et d'entraînement que l'on ne le croit. Chez certains, la volonté est à former. Elle s'acquiert peu à peu, mais le résultat en vaut la peine.

La sexualité, un sujet mal connu
La sexualité est un sujet mal connu et cette méconnaissance a valu au désir sexuel d'être mal compris, calomnié,

souillé et tourné en ridicule par l'ignorant et le méchant.

Les hommes et les femmes qui ont le bonheur, je dis bien le bonheur, d'avoir un tempérament ardent sont généralement maudits.

Combien de gens, même à notre époque, souffrent de complexe d'infériorité pour avoir cru, à tort, que leur tempérament chaud était une perversion ! Surtout que mon éloge de l'énergie sexuelle ne serve pas de prétexte au libertinage ! L'énergie sexuelle est une vertu uniquement lorsqu'elle est utilisée avec intelligence et discernement. Autrement, elle avilit l'âme et le corps, et cela arrive souvent.

Presque tous les dirigeants de ce monde ont trouvé l'inspiration de réaliser leur action dans une femme. N'est-ce pas significatif ? L'épouse, bien qu'elle soit l'inspiratrice, reste modeste, effacée, peu connue ou ignorée du public.

Toute personne intelligente sait que la prise de stimulants tels que l'alcool et les narcotiques est une forme d'intempérance destructive, mais elle ne sait pas nécessairement que les excès sexuels peuvent devenir tout autant destructeurs. Raisonnement et volonté s'émoussent et se perdent.

De nombreux cas d'hypocondrie (maladie imaginaire) sont conséquents à l'ignorance des propriétés uniques de l'énergie sexuelle.

On voit donc l'importance de la transmutation du désir sexuel et tout le bien qui peut en résulter.

L'ignorance provient de cette catégorisation de la sexualité comme sujet tabou entouré de mystère et de silence, piquant la curiosité des jeunes gens.

La leçon des années fécondes

Il est assez rare de rencontrer un individu purement créateur, dans n'importe quel secteur, âgé de moins de 40 ans. L'observation de milliers d'hommes et de femmes montre que la période de pleine créativité se situe entre l'âge de 40 et

60 ans, ce qui devrait encourager ceux qui, avant l'âge de 40 ans, ont échoué dans leurs entreprises et ceux qui s'effraient de la «vieillesse», c'est-à-dire de la quarantaine! Les années comprises entre 40 et 50 ans sont généralement les plus fécondes. L'homme devrait atteindre cet âge plein d'espoir, en se réjouissant et non en tremblant.

Si vous voulez un témoignage, étudiez la biographie des hommes qui ont le mieux réussi. Henry Ford, par exemple, ne connut vraiment sa gloire qu'après 40 ans ; Andrew Carnegie avait dépassé cet âge quand il récolta le fruit de ses efforts.

C'est entre 30 et 40 ans que l'homme acquiert l'art de la transmutation sexuelle. Sa découverte est généralement accidentelle et plutôt inconsciente. Il notera que son pouvoir s'est accru entre 35 et 40 ans, sans savoir, dans la plupart des cas, pourquoi.

Être un génie ne dépend que de vous

Le désir sexuel est un impératif qui pousse à l'action, mais ses forces, comme celles d'un cyclone, échappent à notre contrôlable. Lorsque le désir sexuel s'accompagne d'un sentiment amoureux, il apporte le calme, l'équilibre, la justesse du jugement et la pondération. Celui qui atteint l'âge de 40 ans pourra par sa propre expérience corroborer ces constatations.

Lorsqu'il est conduit par son désir de plaire, désir uniquement basé sur l'émotion sexuelle, un homme est à même de réaliser de grandes choses. Dans la pratique, malheureusement, nous voyons que ses actes sont désorganisés, répréhensibles et destructifs, pouvant aller jusqu'à voler, escroquer et même assassiner. Mais lorsque son désir sexuel se double d'un sentiment amoureux, ce même homme agira de façon saine, équilibrée et raisonnable. L'amour, la tendresse et le désir sexuel sont des émotions motivant l'homme à accomplir de grandes choses. L'amour est un sentiment qui joue le rôle de soupape de sûreté et qui assure l'équilibre, la pondération et l'effort constructif. Éprouvées simultanément, ces trois émotions élèvent une personne au niveau du génie.

Les sentiments sont des états d'esprit. La nature a doté l'homme d'une « chimie de l'esprit » régie par les mêmes lois que la chimie ordinaire. Aussi, de même que des produits non toxiques, mélangés entre eux, peuvent produire un poison mortel, des sentiments combinés à d'autres sentiments peuvent se révéler très dangereux. L'émotion sexuelle alliée à la jalousie, par exemple, peut transformer un homme en un fou furieux.

La présence dans l'esprit humain d'une ou de plusieurs forces émotives destructrices peut ainsi produire un poison capable de tuer tout sens de la justice et de l'équité. Pour devenir un génie, il faut apprendre à développer, contrôler et utiliser le désir sexuel et l'amour. Voici comment :

Dans votre esprit, accordez à ces émotions la place prépondérante et refoulez les émotions destructrices. L'esprit est fait d'habitudes et prospère à partir des pensées qui le dominent. Par la volonté, on peut chasser n'importe quelle émotion et au contraire en attirer d'autres. Contrôler l'esprit par la volonté n'est pas difficile, il suffit de persévérance et d'habitude. Le secret ? Comprendre le processus de transmutation. Lorsqu'une émotion négative quelconque se présente à votre esprit, elle peut très facilement être transmutée, c'est-à-dire transformée en une émotion constructive ou positive : il suffit de changer vos pensées.

La seule route qui mène au génie est celle que nous construisons sciemment par notre propre effort. Un homme peut atteindre de hauts sommets dans la finance ou les affaires uniquement par la force de l'énergie sexuelle, si ce n'est que certains traits de caractère « parasitent » souvent ses aptitudes ou l'empêchent d'en jouir. Cette vérité est si importante qu'elle vaut la peine de s'y arrêter, car elle peut être très utile. Elle a privé de bonheur des milliers de gens dont quelques-uns étaient pourtant fortunés.

L'expérience puissante de l'amour

Les souvenirs d'amour ne s'effacent jamais. Ils continuent de guider et d'influencer bien après que la source stimulatrice ait disparu. Toutes les personnes qui ont éprouvé un amour authentique savent les traces qu'il laisse dans le cœur de l'homme. L'effet de l'amour ne meurt pas parce qu'il est de nature spirituelle. Est un homme mort, bien qu'il paraisse vivant, celui qui n'est plus transporté par l'amour. Son cas est désespéré.

Revenez quelques années en arrière et retrouvez les merveilleux souvenirs de vos amours. Vous oublierez vos problèmes et vos soucis actuels, vous délaisserez des réalités peu plaisantes et peut-être que durant ce voyage dans le monde de la fantaisie, des idées ou des plans surgiront qui modifieront complètement le statut financier et spirituel de votre vie.

Si vous vous croyez malheureux parce que vous avez aimé et perdu cet amour, relevez la tête : celui qui a vraiment aimé n'a pas entièrement échoué. L'amour est capricieux et fantasque. Il vient quand il veut et s'en va sans prévenir. Acceptez-le et profitez- en pleinement quand il est là. Mais s'il vous quitte, ne perdez pas de temps à vous lamenter. Vos pleurs ne le ramèneront pas.

Ne pensez pas que l'amour ne frappe qu'une fois. C'est faux ! L'amour peut aller et venir plusieurs fois, mais jamais deux expériences amoureuses ne se ressemblent et affectent l'homme de la même manière. Toujours une laisse une empreinte plus profonde que l'autre. Elles sont toutes salutaires lorsqu'elles ne laissent pas aigreur et cynisme derrière elles.

L'émotion amoureuse est totalement différente du désir sexuel. Si seulement les hommes et les femmes voulaient bien le comprendre, ils ne seraient jamais déçus par l'amour. L'amour est d'essence spirituelle alors que le désir sexuel est d'ordre biologique. Aucune expérience spirituelle ne peut blesser le cœur humain, sauf par ignorance et jalousie.

Assurément, l'amour est la grande expérience de la vie. Il nous met en contact avec l'intelligence infinie. Accompagné de la tendresse et du désir sexuel, il peut nous rendre des plus créateurs.

L'amour est multiple. Le plus intense, le plus ardent est celui qui résulte de la fusion de l'amour, de l'essence spirituelle et du désir physique. Un mariage sans amour ni désir sexuel ne peut durer. L'amour sans le désir et le désir sans l'amour n'amènent pas au bonheur véritable. Ils garantissent au mariage le climat le plus proche de la spiritualité.

S'ajoutant à l'amour et au désir, la tendresse enlève tout obstacle entre l'esprit limité de l'homme et l'intelligence infinie. C'est alors que peut naître le génie.

Une broutille suffit pour casser un mariage

Voici qui pourrait ramener l'harmonie dans la tempête qui secoue trop de ménages. Souvent les heurts qui se traduisent par des propos hargneux naissent d'une ignorance: celle du processus sexuel. Lorsque l'amour, la tendresse et la compréhension de la fonction sexuelle règnent, le couple est tout naturellement uni.

Heureux le mari dont la compagne comprend la véritable relation qui existe entre l'amour, le désir physique et la tendresse. Poussé par ces trois forces, l'homme ne trouvera plus jamais son labeur pénible, car le travail le plus ingrat est ennobli par l'amour. On a souvent dit qu'« une femme peut élever un homme ou le briser», sans vraiment l'expliquer. Une femme peut « élever » ou « briser » selon qu'elle comprend ou non les sentiments d'amour, le désir physique et la tendresse.

Quand une femme ne réagit pas en voyant son mari se

désintéresser d'elle et s'occuper d'autres femmes, c'est généralement par ignorance des mécanismes de l'amour, du désir sexuel, de la tendresse ou par indifférence. De même pour l'homme qui laisse s'émousser l'intérêt que sa femme lui portait. Nous supposons, bien évidemment, qu'un amour réel a uni les deux conjoints.

Une vétille suffit pour provoquer la dispute au sein du couple désuni, mais la véritable raison de cette dispute s'explique le plus souvent par l'ignorance de la psychologie sexuelle ou l'indifférence.

L'origine du pouvoir de la femme

Le désir de plaire constitue la plus grande motivation !

Bien avant la naissance de la civilisation, le chasseur qui voulait plaire à une femme s'efforçait de se distinguer en ramenant plus de gibier que les autres chasseurs. Ce comportement de l'homme n'a pas changé, simplement que le « chasseur» d'aujourd'hui n'apporte plus des dépouilles d'animaux sauvages à sa belle, mais de beaux vêtements, une voiture, de l'argent. L'homme éprouve toujours le même désir qu'à l'ère de la préhistoire, mais il l'exprime différemment. Ceux qui amassent de grosses fortunes et deviennent puissants et célèbres le font surtout pour satisfaire leur désir de plaire aux femmes. Retirez celles-ci de leur vie, et leurs richesses leur paraîtront inutiles. C'est ce désir inhérent à l'homme de plaire à la femme qui donne à celle-ci le pouvoir de l'élever ou de le briser.

La femme qui connaît la nature de l'homme et sait la flatter avec subtilité ne risque pas de perdre sa place au profit d'une autre. Les hommes, en compagnie masculine, peuvent être des « géants » à la volonté de fer, mais ils seront facilement menés par la femme qu'ils ont choisie.

L'homme cherche à être le plus fort de son espèce, aussi ne peut-il admettre de se laisser facilement influencer par la femme qu'il aime. La femme intelligente, au fait de cette particularité masculine, s'abstiendra, avec sagesse, de le contredire ouvertement.

Certains hommes savent qu'ils sont facilement influencés par les femmes (leur épouse, leur maîtresse, leur mère, leur sœur, etc.) mais, avec tact, ils se gardent de se rebeller parce qu'ils sont assez intelligents pour savoir qu'aucun homme n'est heureux ni complet sans l'influence bénéfique d'une femme. L'homme qui méconnaît cette importante vérité se prive d'un pouvoir unique.

CHAPITRE 12

Onzième étape vers la richesse :
le subconscient

*Vous découvrirez comment votre subconscient attend vos
plans et vos projets pour les réaliser.
Saturez votre subconscient de pensées positives bien dirigées et
vous obtiendrez ce que vous attendez de la vie.*

Le subconscient classe et enregistre toute pensée transmise au conscient par l'un des cinq sens.

Il reçoit et classe les impressions sensorielles ou les pensées, de toute nature. Vous pouvez volontairement transmettre à votre subconscient un plan, une pensée ou un projet que vous désirez concrétiser en son équivalent matériel. Le subconscient agit d'abord sur le désir dominant qui a été valorisé par un sentiment tel que la foi.

Relisez ce que nous avons dit sur le désir et l'élaboration des plans et vous comprendrez encore mieux le fonctionnement de la pensée subconsciente.

Le subconscient travaille jour et nuit. Par un processus qui nous est inconnu, il se nourrit aux forces de l'intelligence infinie et réalise volontairement un désir en son équivalent physique, recourant toujours aux moyens les plus pratiques pour atteindre son but.

Vous ne pouvez pas maîtriser totalement votre subconscient, mais vous pouvez lui confier le plan, le désir ou le but que vous voulez concrétiser. Le chapitre sur l'autosuggestion vous explique comment utiliser le subconscient.

Il a été prouvé que le subconscient permet à l'esprit limité de l'homme de communiquer avec l'intelligence infinie. Lui seul connaît le secret pour transformer les élans de la pensée en leur équivalent spirituel. Lui seul sait acheminer la prière à la source qui peut y répondre.

Pas de création sans la pensée

Les possibilités créatrices du subconscient sont si remarquables et si impondérables qu'elles effraient un peu.

Quand je parle du subconscient, j'éprouve toujours un sentiment d'infériorité, peut-être parce que mes connaissances sur ce sujet sont limitées.

Lorsque vous aurez accepté l'existence du subconscient comme un fait irréfutable et compris son rôle dans la concrétisation du désir en son équivalent physique ou monétaire, vous comprendrez toute la signification de nos propos sur le désir. Vous saurez pourquoi il vous a été si souvent recommandé de préciser vos désirs et de les écrire. Vous saurez pourquoi vous devez persévérer.

Les « 13 principes » sont d'excellents stimulants pour apprendre à atteindre et à influencer votre subconscient. Ne vous découragez pas si vous n'y arrivez pas tout de suite. Seule l'habitude pour nous permettre de diriger notre subconscient, et acquérir une habitude prend du temps. (Appliquez les directives données au chapitre sur la foi.) Soyez patient et persévérant.

Ce que nous vous avons appris sur la foi et l'autosuggestion vaut tout aussi bien pour votre subconscient. Rappelez-vous qu'il fonctionne sans cesse, dans toute condition, que vous fassiez un effort pour l'influencer ou non. Toutes vos pensées de pauvreté et toutes vos pensées négatives arrivent à votre subconscient et l'affectent, à moins que vous n'arriviez à les bloquer et à fournir alors au subconscient une nourriture plus désirable.

Votre subconscient ne reste pas oisif. Si vous n'y mettez pas vos désirs, il se nourrira d'autres pensées qui l'atteindront et qui seront le résultat de votre négligence. Nous avons déjà expliqué que le subconscient est constamment bombardé par des ondes positives ou négatives, venant des quatre sources.

Pour l'instant, prenez conscience que c'est vous qui vous vous trouvez, jour après jour, au centre de toutes les pensées qui atteignent votre subconscient à votre insu. Quelques-unes d'entre elles sont négatives, d'autres positives. Essayez de vous opposer aux pensées négatives ; vous pouvez influencer votre subconscient pour qu'il ne s'empare que des ondes positives.

Quand vous y serez parvenu, vous posséderez la clé qui ouvre la porte de votre subconscient et serez en mesure d'éloigner à votre gré les pensées indésirables.

L'homme ne peut rien créer sans y penser auparavant. Aidées de l'imagination, ces pensées forment un plan. L'imagination, si elle est contrôlée, sert à établir les plans et les projets qui déterminent la réussite d'une entreprise.

Toutes les pensées qui seront concrétisées en leurs équivalents physiques et placées volontairement dans le subconscient doivent passer par l'imagination et être valorisées par la foi.

Pour résumer : l'utilisation volontaire du subconscient demande de la coordination et l'application des lois que nous avons énoncées.

Comment utiliser vos émotions positives

Le subconscient est plus facilement influencé par les pensées émotionnelles que par les pensées raisonnées. Il est en effet facile de prouver que seules les pensées « émotionalisées » ont une influence sur le subconscient. Il est bien connu que la majorité des gens sont guidés par leurs émotions et leurs sentiments. Certes, le subconscient répond plus rapidement aux pensées affectives et est plus facilement influencé par elles, mais vous devez absolument vous familiariser avec les émotions positives les plus fortes. Sept grandes émotions positives et sept négatives ont été recensées. Les émotions négatives envahissent d'elles-mêmes le subconscient, tandis que les émotions positives doivent y être poussées par l'auto-suggestion. (Relisez les instructions qui vous ont été données dans le chapitre consacré à l'autosuggestion.)

Ces émotions, ou élans sentimentaux, s'apparentent au levain du pain. Elles transforment les pensées passives en pensées actives. Voilà pourquoi une pensée bien pétrie d'émotion agit plus vite qu'une pensée pétrie de froide raison.

Vous vous préparez à influencer et à contrôler « l'attention intérieure » de votre subconscient afin de lui transmettre le désir d'argent que vous voulez réaliser. Pour cela, vous devez absolument savoir comment l'approcher. Vous devez parler son langage, sinon le subconscient restera sourd à votre appel. Celui qu'il comprend le mieux est le langage de l'émotion ou du sentiment. Voici donc la liste des sept plus fortes émotions positives puis celle des sept plus fortes émotions négatives. Puisez dans les émotions positives plutôt que dans celles négatives lorsque vous donnez vos instructions à votre subconscient.

Les sept émotions positives les plus importantes sont:

- le désir ;
- la foi ;
- l'amour ;
- la sexualité ;
- l'enthousiasme ;
- la tendresse ;
- l'espoir.

Il y en a d'autres, mais moins puissantes et moins créatrices. Maîtrisez-les (elles ne peuvent l'être que par l'usage) et les autres émotions positives seront à vos ordres quand vous en aurez besoin. Souvenez-vous que vous étudiez un livre destiné à vous aider à développer « une volonté d'argent» en saturant votre esprit d'émotions positives.

Les sept émotions négatives les plus importantes (à éviter) sont:

- la peur ;
- la jalousie;
- la haine;
- la vengeance ;
- l'avidité ;
- la superstition;
- la colère.

Les émotions positives ne peuvent pas cohabiter avec les émotions négatives dans votre esprit. Faites votre choix. Il ne tient qu'à vous que les émotions positives dominent votre esprit. Prenez l'habitude d'appliquer et d'utiliser des émotions positives ! Elles s'empareront de votre esprit jusqu'à ne plus laisser de place pour les émotions négatives.

Ce n'est qu'en suivant ces instructions à la lettre que vous arriverez à contrôler votre subconscient. Qu'une seule pensée négative parvienne à entrer dans votre subconscient et cela suffira à détruire tous les changements constructifs que vous y aurez effectués.

La prière et le subconscient

Peut-être avez-vous remarqué que la plupart des gens n'utilisent la prière qu'en dernier recours. Ce faisant, ils prient dans la peur et le doute, deux émotions négatives dont le subconscient s'empare. Ce sont donc elles que l'intelligence infinie reçoit et c'est sur elles qu'elle agit.

Si vous priez pour obtenir quelque chose et avez peur de ne pas être exaucé, vous priez en vain.

La prière peut être exaucée. Si vous avez éprouvé cette joie, essayez de vous rappeler votre état d'esprit au moment où vous l'avez formulée et comprenez que la théorie que nous prônons dans ce livre est plus qu'une théorie. La communication avec l'intelligence infinie s'apparente aux ondes sonores captées par la radio. Le son ne peut se transmettre qu'après avoir été transformé en ondes que l'ouïe peut capter. La station émettrice de radio capte le son de la voix humaine et le modifie en l'amplifiant des millions de fois. C'est ainsi que l'intensité du son se propage dans l'espace. Elle est récupérée par les postes récepteurs qui la reconvertissent en ondes et en sons.

Le subconscient transcrit nos prières dans un langage que l'intelligence infinie peut reconnaître, présente le message et en rapporte la réponse sous la forme d'un plan précis ou d'une idée d'où naîtra l'objet de la prière. Jamais des phrases toutes faites lues dans un livre ne peuvent, et ne pourront, assurer la communication entre l'esprit de l'homme et l'intelligence infinie.

CHAPITRE 13

Douzième étape vers la richesse : le cerveau humain

*Dans chaque région de votre esprit,
vous découvrirez de nouveaux pouvoirs.
Vous découvrirez comment les utiliser pour construire une
pensée rapide, claire et efficace.*

Il y a plus de 40 ans, alors que je travaillais avec feu le docteur Alexander Graham Bell et le docteur Elmer R. Gates, je remarquai que le cerveau humain agit à la fois comme poste récepteur et comme poste émetteur envers les ondes libérées par la pensée.

Opérant telle une radio, le cerveau humain est capable de capter les ondes émises par d'autres cerveaux.

Cette image vaut pour l'imagination créatrice que nous avons traitée dans un chapitre précédent. L'imagination créatrice est le «poste récepteur» du cerveau qui reçoit les pensées émises par d'autres cerveaux. C'est l'agent de liaison entre le conscient, ou la raison, d'un individu, et les quatre sources dans lesquelles il puise les stimulants de la pensée.

Stimulé ou élevé à un haut niveau de vibration, l'esprit se révèle plus réceptif à la pensée de sources extérieures. Ce degré d'élévation dépend des émotions positives ou négatives. À leur contact, les ondes de la pensée s'intensifient.

En tant que force conductrice et agent d'intensité, l'émotion sexuelle est la plus puissante des émotions humaines. Stimulé par l'émotion sexuelle, le cerveau travaille plus vite, mais ralentit aussitôt que l'émotion se refroidit ou disparaît.

La transmutation sexuelle intensifie tant les pensées que l'imagination créatrice devient hautement réceptive aux idées.

Or, lorsque le cerveau fonctionne avec intensité, non seulement attire-t-il les idées et les pensées d'autres cerveaux, mais il leur donne cette charge émotive indispensable qui permet à son subconscient de les capter et de les manipuler.

Le subconscient est la « station émettrice » du cerveau, celle qui diffuse les ondes de la pensée. L'imagination créatrice est la « station réceptrice », celle qui capte l'énergie de la pensée.

Considérons maintenant l'autosuggestion qui assurera le fonctionnement de votre «radio».

Le chapitre sur l'autosuggestion vous a expliqué en détail le processus de transformation du désir en son équivalent matériel.

Comparativement, l'opération de votre « radio mentale » est beaucoup plus simple. Rappelez-vous trois lois et appliquez-les au moment d'utiliser le subconscient, l'imagination créatrice et l'autosuggestion, à l'aide des stimulants qui vous ont été décrits.

Le règne des forces intangibles

Tout au long des siècles, l'homme s'est fié uniquement à ses sens physiques, limitant ses connaissances aux choses qu'il pouvait voir, toucher, peser et mesurer.

Nous entrons maintenant dans une époque des plus merveilleuses, une époque qui nous apprendra quelque chose des forces intangibles de notre univers. Peut-être apprendrons-nous que « mon autre » est plus puissant encore cet être physique reflété dans le miroir.

Il arrive que les hommes parlent avec légèreté de l'intangible (tout ce qu'ils ne peuvent percevoir avec leurs cinq sens). En les écoutant, nous devrions nous rappeler que nous sommes tous sous la domination de forces invisibles et intangibles.

L'humanité entière est impuissante à résister à la force intangible des vagues de l'océan, et bien plus à la contrôler. L'homme ne comprend pas cette force intangible de la gravité qui maintient notre petite Terre suspendue dans l'espace et empêche les hommes de tomber. Il est totalement asservi par la force intangible d'un orage et il est impuissant face à la force intangible de l'électricité.

Il ne comprend pas la force intangible (et l'intelligence) enfouie dans la terre qui lui donne chaque bouchée de la nourriture qu'il absorbe, chaque pièce du vêtement qu'il porte, chaque pièce de monnaie qui alourdit sa poche.

Communication de cerveau à cerveau

L'homme ne comprend pas grand-chose à la force intangible de la pensée, la plus grande de toutes. Il ignore presque tout de son cerveau et du mécanisme complexe qui transforme le pouvoir de la pensée en son équivalent matériel. Bientôt, cependant, il saura tout. Les hommes de science s'intéressent à cette machine extraordinaire qu'est le cerveau. Déjà, ils ont découvert que le tableau de distribution du cerveau humain, en l'occurrence le nombre de lignes reliant les cellules du cerveau à celles d'un autre organe, est égal à 1 suivi de 15 millions de chiffres !

« Le nombre est si énorme, dit le docteur C. Judson Herrick, de l'université de Chicago, que les chiffres astronomiques qui sont de l'ordre des centaines de millions d'années-lumière semblent bien petits en comparaison... On a évalué entre 10 et 14 milliards le nombre de cellules nerveuses dans le cortex cérébral humain, et nous savons qu'elles sont disposées selon des dessins précis et non par hasard. »

Il n'est pas possible qu'un tel réseau n'existe que pour assurer des fonctions physiques, la croissance et le maintien du corps en parfaite santé. Nous devons envisager que ce système, qui fournit aux milliards de cellules du cerveau le moyen de communiquer entre elles, puisse également nous permettre de communiquer avec d'autres forces intangibles.

Le New York Times a consacré un éditorial à une grande université et aux travaux d'un chercheur sur les phénomènes mentaux. Les conclusions de cette étude sont proches de celles que je ramène dans ce chapitre et le suivant. L'article que je cite analyse brièvement le travail du Dr Rhine et de ses collègues à l'université Duke.

La télépathie

Il y a un mois, nous citions dans ces pages quelques-uns des remarquables résultats obtenus par le professeur Rhine et ses collègues après plus de 100 000 tests destinés à déterminer la réalité de la télépathie et de la clairvoyance. Ces résultats ont été présentés dans le premier des deux articles parus dans le Harper's Magazine. Dans le second, l'auteur, E. H. Wright, effectue une synthèse de ce qui a été appris ou ce qu'il semble raisonnable de conclure sur la nature exacte de ces modes de perception extrasensorielle. La réalité de la télépathie et de la clairvoyance ne peut plus être mise en doute maintenant que nous connaissons les résultats des expériences de Rhine. Celui-ci demanda à plusieurs voyants de «lire», sans les regarder ni les toucher, les cartes à jouer d'un paquet truqué. Une vingtaine d'hommes et de femmes en «devinèrent» correctement un si grand nombre « qu'il n'y avait pas une chance sur plusieurs millions que ce fut par pure coïncidence ».

Mais comment firent-ils? Leur pouvoir, en supposant qu'il existe, ne semble pas être sensoriel, ni appartenir à un organe connu. Les mêmes résultats furent obtenus lorsqu'on éloigna les sujets à plusieurs centaines de kilomètres du paquet de cartes ce qui, d'après M. Wright, justifie de vouloir expliquer la télépathie ou la clairvoyance par une théorie physique sur la radiation. Sauf pour la clairvoyance et la télépathie, toutes les formes d'énergie radiante diminuent, inversement proportionnelles au carré de la distance parcourue ! Contrairement à ce que l'on croit souvent, le sommeil et la somnolence n'accentuent pas la clairvoyance et la télépathie, bien au contraire ! Rhine découvrit que les narcotiques affaiblissent la faculté du voyant alors que les stimulants la renforcent. Apparemment, le meilleur des médiums ne pourra faire du bon travail que s'il s'y applique de son mieux.

L'une des conclusions de Wright, difficile à remettre en cause, est que la télépathie et la clairvoyance ne sont qu'un seul et même don. Pour lui, la faculté de « voir » une carte dont ne vous est montré que le dos est exactement la même que celle de « lire » les pensées d'autrui. Plusieurs faits renforcent cette thèse. Par exemple, les deux dons ont été constatés chez ceux qui n'en exploitaient qu'un. Tous deux étaient de la même puissance. Écran, mur, distance, rien ne les gêne. Wright, partant de cette affirmation, avance ce qu'il considère comme sa découverte la plus sensationnelle, à savoir que les autres expériences extrasensorielles (les rêves prophétiques, les prémonitions, etc.) découlent de cette même faculté. Le lecteur n'est pas obligé d'accepter ces conclusions, mais il faut reconnaître que la constatation de Rhine reste impressionnante.

Des esprits «accordés» les uns aux autres

À propos des conditions dans lesquelles l'esprit répond à ce que Rhine appelle les modes de perception extrasensorielle, j'ajouterai mon témoignage : mes associés et moi-même avons découvert ce que nous croyons être les conditions idéales pour préparer l'esprit de façon à ce que le sixième sens, décrit dans le chapitre suivant, puisse s'exercer.

Ces conditions requièrent une alliance de travail entre moi- même et mes deux associés. Par l'expérience et la pratique, nous avons découvert comment utiliser les « conseillers invisibles » décrits au chapitre suivant pour stimuler nos esprits de façon à pouvoir, par un processus qui les assimile à un seul, trouver la solution de divers problèmes personnels qui m'avaient été soumis par mes clients.

Le procédé est très simple. Nous nous asseyons autour d'une table ronde, établissons clairement la nature du problème que nous devons résoudre, puis commençons à en discuter. Chacun avance les idées qui lui viennent. Le plus étrange dans cette méthode d'émulation est qu'elle met chaque participant en communion avec des sources de connaissance qui sont totalement étrangères à sa propre expérience. C'est le témoignage le plus simple et le plus pratique du «cerveau collectif».

En adoptant et en suivant un plan semblable, celui qui étudie cette philosophie acquérra la fameuse formule de Carnegie, brièvement décrite dans l'introduction. Si vous ne l'avez pas vraiment comprise, marquez cette page et relisez-la lorsque vous aurez terminé le dernier chapitre.

CHAPITRE 14

Treizième étape vers la richesse : le sixième sens

*Vous ouvrez la porte du Temple de la Sagesse.
L'aventure créatrice vous mène à la richesse.*

L'intelligence infinie utilise le sixième sens pour communiquer avec l'individu. Cette treizième étape de notre recherche est un sommet. Le principe qui y est rapporté ne peut être ni assimilé, ni compris, ni appliqué, si l'on n'a pas d'abord maîtrisé les 12 autres.

Le sixième sens est cette partie du subconscient que nous avons appelé "imagination créatrice" et également « poste récepteur » des idées, des plans et des pensées qui pénètrent l'esprit sous la forme d'« inspiration ».

Le sixième sens ne se prête à aucune description. Il ne peut être expliqué à celui qui n'a pas assimilé les chapitres précédents ; on ne peut le comparer à rien. Sa compréhension ne vient que par la méditation.

Lorsque vous contrôlerez tous les principes cités dans ce livre, vous serez préparé à accepter une vérité qui, sinon, vous paraîtrait incroyable : votre sixième sens vous préviendra des dangers imminents pour vous en protéger et des bonnes occasions pour en profiter.

En développant votre sixième sens, vous vous fabriquez un ange gardien qui vous ouvrira, quand vous le désirerez, la porte du Temple de la Sagesse.

La Cause première

L'auteur ne croit pas aux miracles et ne s'en fait pas l'avocat. Il connaît suffisamment la nature pour savoir qu'elle ne déroge jamais à ses lois. Parce que quelques-unes des lois sont incompréhensibles, nous employons le mot de "miracles" pour qualifier leurs effets.

Le sixième sens est pour moi ce qui se rapproche le plus du miracle. Il existe un pouvoir ou une Cause première ou une Intelligence qui imprègne chaque particule de matière et chacune des unités d'énergie perceptible à l'homme ; cette Intelligence infinie transforme les glands en chênes, fait descendre l'eau des montagnes, chasse la nuit pour amener le jour et termine l'été pour accueillir l'hiver. Si nous appliquons les principes de cet ouvrage, l'intelligence est susceptible de nous aider à concrétiser nos désirs. L'auteur le sait pour l'avoir lui-même expérimenté.

Petit à petit, à la lecture des chapitres précédents, vous avez été amené à ce dernier principe. Si vous avez totalement assimilé les principes précédents, vous êtes prêt à accepter, sans scepticisme, les révélations qui sont faites ici. Sinon, vous devez vous y efforcer car vous ne saurez déterminer si nous vous parlons de réalité ou de fiction. À l'âge du culte des héros, je pris conscience que j'essayais d'imiter ceux que j'admirais. Plus, je découvris que la foi qui me poussait à imiter mes « grands hommes » me donnait également la force d'y parvenir.

Nos «conseillers invisibles»

Je n'ai jamais pu me débarrasser de mon habitude du culte du héros. L'expérience m'a appris que pour essayer de se surpasser, un des meilleurs moyens est d'imiter les « grands » aussi exactement que possible dans leurs pensées et dans leurs actes.

Avant d'écrire quoi que ce soit et avant de préparer une

conférence, j'avais pris l'habitude d'ajuster mon caractère sur celui des neuf hommes que j'admirais le plus, pour leur vie et pour leurs œuvres. Mes neuf idoles étaient : Emerson, Paine, Edison, Darwin, Lincoln, Burbank, Napoléon, Ford et Carnegie. Combien d'années ai-je passé des nuits à tenir un conseil d'administration imaginaire avec ces neuf hommes que j'appelais mes « conseillers invisibles ».

Juste avant de m'endormir, je fermais les yeux et imaginais ce groupe d'hommes assis autour d'une table, avec moi comme président !

En laissant mon imagination vagabonder dans ces réunions nocturnes, j'étais bien décidé à remodeler mon propre caractère afin qu'il reflétât les qualités de tous mes « conseillers imaginaires ». Me rendant très vite compte que j'aurais à surmonter le handicap de ma naissance dans un monde ignorant et superstitieux, je choisis délibérément de renaître par cette méthode.

L'heure de l'autosuggestion

Je savais, bien sûr, que les pensées dominantes et les désirs laissent en chacun des empreintes indélébiles. Je savais que tout désir profondément ancré force un individu à chercher à l'exprimer, à le concrétiser. Je savais que, dans la reconstruction du caractère, l'autosuggestion est un puissant facteur, qu'elle en est même le seul.

Sachant tout cela, je possédais exactement les armes qu'il me fallait.

Dans ces « conseils imaginaires », je demandais à chacun, bien clairement, de me prêter le trait de caractère qui m'intéressait :

« M. Emerson, je désire acquérir cette merveilleuse compréhension de la nature qui vous a accompagné toute votre vie. Je vous demande de graver dans mon subconscient les qualités que vous possédez et qui vous ont permis de comprendre les lois de la nature et de vous y adapter. »

« M. Burbank, je vous prie de me donner les connaissances qui vous ont permis de concilier si bien les lois de la nature, au point de pouvoir retirer ses piquants au cactus et l'avoir rendu comestible, et de faire pousser l'herbe dans le désert. »

À Napoléon: «Je voudrais vous emprunter votre extraordinaire habileté à stimuler les hommes et à les encourager à s'engager dans des actions plus grandes et mieux déterminées, et également la foi inébranlable qui vous habitait et qui vous a permis de transformer la défaite en victoire et de surmonter d'immenses obstacles. »

« M. Paine, je veux acquérir la liberté de pensée, le courage et la clarté des opinions qui sont vôtre. »

« M. Darwin, je voudrais posséder la patience et l'habileté dont vous avez fait preuve en sciences naturelles dans l'étude de la cause et de l'effet. »

« M. Lincoln, je désire ajouter à mon caractère votre sens aigu de la justice, votre humour, votre inlassable patience, votre humanité et votre tolérance. »

« M. Carnegie, donnez-moi à comprendre l'effort organisé que vous avez appliqué si efficacement dans une grande entreprise industrielle. »

« M. Ford, je désire acquérir la persévérance, la détermination, l'équilibre et la confiance en soi qui vous ont permis de quitter votre pauvreté et d'organiser, unifier et simplifier l'effort afin d'aider les autres à s'inspirer de votre réussite. »

« M. Edison, je souhaite que vous me communiquiez la merveilleuse foi qui vous a fait découvrir tant de secrets de la nature, et la force de persévérer dans la tâche à accomplir, faculté qui vous a si souvent permis de renouer avec la victoire après un échec. »

Mon « Conseil » imaginaire

Ma méthode de discours variait selon le trait de caractère que je désirais acquérir à ce moment-là. Avec un soin tout particulier, j'étudiais la vie de mes « collaborateurs ». Après quelques mois, je fus stupéfait de constater combien ces figures imaginaires devenaient réelles.

Je vis se développer chez ces neuf hommes des manies. Par exemple, Lincoln prit l'habitude d'arriver en retard, mais toujours très solennel et sérieux (je ne le vis jamais sourire).

Il n'en était pas ainsi pour les autres. Burbank et Paine se laissaient aller à des reparties spirituelles qui semblaient de temps en temps choquer les autres « membres » du conseil. Une fois Burbank arriva en retard. Très excité, il expliqua avec enthousiasme qu'il avait été retardé par une expérience qui, si elle réussissait, permettrait de faire pousser des pommes sur n'importe quel arbre ! Paine se moqua de lui et lui rappela que c'est une pomme qui déclencha la discorde entre l'homme et la femme. Darwin rit sous cape en suggérant à Paine de se méfier des petits serpents lorsqu'il irait cueillir des pommes dans la forêt, car trop souvent ils se transforment en gros reptiles... Emerson glissa: «Pas de serpent, pas de pomme ! » et Napoléon de conclure : « Pas de pomme, pas d'État » ! Ces réunions devinrent si réelles que je les interrompis quelques mois, effrayé par leurs conséquences éventuelles. J'eus peur d'oublier qu'elles étaient le fruit de mon imagination.

Pour la première fois, j'ai le courage d'évoquer cette expérience. Jusqu'à présent je m'étais tu parce que je ne serais pas compris dans cette voie peu classique. Les temps ont changé et je suis moins sensible aux « qu'en-dira-t-on ».

Pour éviter tout malentendu, je voudrais insister ici sur le fait que je considère toujours mes « conseils » comme purement imaginaires, mais je me sens le droit de dire qu'ils m'ont amené sur les glorieux chemins de l'aventure, qu'ils ont réveillé en moi une juste appréciation de la vraie grandeur, qu'ils ont encouragé l'effort créateur et ont enhardi l'expression d'une pensée honnête.

Comment inspirer le sixième sens

Quelque part dans la structure cellulaire du cerveau se trouve un organe qui reçoit les ondes de la pensée que certains appellent « inspiration ». Jusqu'ici, la science n'a pu découvrir le siège de ce sixième sens, mais cela n'a finalement pas beaucoup d'importance. Il n'en reste pas moins que l'être humain reçoit une connaissance exacte d'une source autre que les cinq sens classiques. C'est uniquement sous l'influence d'un stimulant extraordinaire que l'esprit y est réceptif. Tout événement inattendu qui suscite des émotions et accélère les battements du cœur réveille le sixième sens. Celui qui, au volant de sa voiture, a évité de justesse un accident sait qu'il doit sa vie à son sixième sens qui est venu à son secours et a empêché la catastrophe en quelques fractions de seconde.

Pendant mes réunions avec mes «conseillers invisibles», mon esprit était bien plus réceptif aux idées, aux pensées et aux connaissances qui m'atteignaient par le sixième sens.

J'ai connu dans ma vie des moments très difficiles et c'est grâce à l'influence de mes «conseillers invisibles» que j'ai pu les surmonter.

Mon intention première, en imaginant ces réunions, était uniquement de graver dans mon subconscient, par autosuggestion, les traits de caractère que je voulais acquérir. Ces dernières années, mon expérience s'est orientée dans une autre direction. Actuellement, je retrouve mes «conseillers invisibles» chaque fois que je suis confronté à un problème personnel difficile ou qui m'est soumis par un client. Le résultat est souvent étonnant, même si je ne m'appuie pas entièrement sur cette forme de conseil.

Un nouveau pouvoir

Le sixième sens ne peut s'enlever et se reprendre à volonté. L'aptitude à utiliser ce grand pouvoir vient petit à petit, en appliquant les théories de ce livre.

Qui que vous soyez et quelle que soit la raison pour laquelle vous lisez ce livre; vous ne pourrez en tirer profit que si vous comprenez le principe qui est cerné par ce chapitre. C'est plus particulièrement vrai si votre but est de faire fortune ou d'obtenir d'autres compensations matérielles.

Ce chapitre sur le sixième sens est, délibérément, inclus dans un ouvrage de philosophie pratique. Tout individu peut s'y référer et, quel que soit son but, s'en faire un guide. Si au départ vous trouvez le désir, à l'arrivée vous trouvez le sixième sens, cette torche du savoir qui aide à se comprendre soi-même, à comprendre les autres, à comprendre les lois de la nature et à comprendre et à reconnaître le bonheur. Cette compréhension ne sera totale que lorsque l'individu sera familiarisé avec le sixième sens et son utilisation.

Avez-vous remarqué qu'en lisant ce chapitre, vous vous êtes élevé à un haut niveau de stimulation mentale ? Bravo ! Relisez-le dans un mois et vous constaterez que cette stimulation sera encore plus forte.

Recommencez l'expérience de temps en temps, sans vous préoccuper de ce que vous avez appris jusqu'à présent, et vous vous trouverez bientôt en possession d'un pouvoir qui vous aidera à balayer tout découragement, à maîtriser la peur, à surmonter l'hésitation et à opérer librement votre imagination. Vous aurez alors touché à ce « quelque chose » d'inconnu qui a été l'inspiration des très grands personnages de notre histoire, les penseurs comme les chefs, les artistes, les musiciens, les écrivains et les hommes d'État. Vous pourrez transformer votre désir en son équivalent matériel aussi aisément qu'autrefois vous abandonniez la partie à la première difficulté.

CHAPITRE 15

Les six visages de la peur

*Procédez à votre propre inventaire et recherchez si
une forme quelconque de peur fait obstacle sur la route que
vous vous êtes tracée.
Réfléchissez et devenez riche parce que rien, absolument rien,
ne vous barre le chemin.*

Avant de pouvoir mettre en pratique cette philosophie, vous devez préparer votre esprit à la recevoir. Cette préparation ne présente pas de difficultés. Elle commence par l'étude, l'analyse et la compréhension de trois ennemis qu'il vous faut chasser de votre esprit: l'indécision, le doute et la peur.

Le sixième sens ne fonctionnera pas tant que vous conservez en vous l'un de ces trois ennemis de caractère négatif. Ils sont si étroitement liés que lorsque vous en trouvez un, vous pouvez être sûr que les deux autres ne sont pas loin.

L'indécision est le germe de la peur ! Elle se fixe dans le doute et tous deux s'associent pour engendrer la peur. Ces trois ennemis sont particulièrement dangereux parce qu'ils germent et croissent à votre insu.

Ce chapitre éclaire un but qui doit être atteint avant de pouvoir appliquer la philosophie dans son ensemble. Il traite d'une condition qui a réduit de nombreuses personnes à la pauvreté et il établit une vérité que tous ceux qui veulent devenir riches – matériellement ou spirituellement, ce qui a encore plus de valeur - se doivent de comprendre.

Nous voulons attirer l'attention du lecteur sur la cause et la guérison des six formes fondamentales de la peur. Pour vaincre un ennemi, il faut savoir qui il est, quelles sont ses habitudes et où il se trouve.

Tout en lisant, regardez-vous soigneusement et déterminez celles des six formes de la peur qui ont élu domicile en vous.

Ne vous trompez pas sur les habitudes de ces ennemis rusés. Ils n'hésitent pas à se cacher dans le subconscient où il est difficile de les traquer et encore plus difficile de les débusquer.

La peur n'est qu'un état d'esprit

C'est toujours l'une des six formes fondamentales de la peur, ou une combinaison de ces formes, qui torture l'homme à un moment ou à un autre. Ils peuvent s'estimer heureux, ceux qui ne sont pas victimes de ces pestes que nous énonçons par ordre d'importance ; il y a la peur :

- de la pauvreté ;
- de la critique ;
- de la maladie ;
- de perdre l'objet de son amour ;
- de la vieillesse ;
- de la mort.

Les trois premières sont à l'origine de presque tous les tourments. Les autres formes de peur, nous ne les avons pas citées parce qu'elles se rattachent d'une façon ou d'une autre aux formes fondamentales.

La peur n'est qu'un état d'esprit et un état d'esprit se contrôle et se diriger.

L'homme ne peut rien créer qu'il n'ait auparavant conçu sous la forme d'une pensée. Plus important : les pensées de l'homme commencent immédiatement à se transformer en leur équivalent physique, qu'elles soient volontaires ou non. Les pensées qui surgissent accidentellement (pensées émises par d'autres esprits) peuvent déterminer le destin financier, professionnel ou social de quelqu'un aussi sûrement que le feraient des pensées créées intentionnellement.

C'est un fait très important, et plus encore pour ceux qui ne comprennent pas que certaines personnes semblent toujours « avoir de la chance » et qu'eux, alors qu'ils sont tout aussi capables et expérimentés, semblent poursuivis par la malchance. Il faut savoir que tout être humain est capable de contrôler totalement son esprit et, par là, de l'ouvrir aux idées d'autrui ou de le fermer pour n'admettre que les pensées de son choix.

La nature n'a accordé à l'homme le contrôle absolu que d'une chose, une seule : son esprit. Ajoutez cela que toute création humaine commence par une pensée, et vous avez l'antidote de la peur.

S'il est vrai que toute pensée tend à se transformer en son équivalent physique (et c'est vrai sans aucun doute), il est tout aussi vrai que les pensées de peur et de pauvreté ne peuvent se transformer ni en courage ni en richesse !

Deux routes opposées

Aucun compromis n'est possible entre la pauvreté et la richesse car leurs routes divergent. Si vous désirez être riche, vous devez refuser tout compromis qui mène à la pauvreté. (Le mot « richesse » est utilisé ici dans son sens le plus large, celui regroupant la richesse financière, la richesse matérielle et la richesse spirituelle.) La richesse commence avec le désir. Dans le chapitre qui en traite, vous avez vu comment le rendre fécond. Dans ce chapitre sur la peur, vous apprendrez à préparer votre esprit à l'utilisation pratique du désir. Un bon moyen pour savoir dans quelle mesure vous avez assimilé cette philosophie est de vous lancer un défi. Vous pourrez prédire ce que le futur vous réserve. Si, après avoir lu ce chapitre, vous choisissez la pauvreté, vous devrez également préparer votre esprit à la recevoir. C'est une décision que vous ne pourrez éviter de prendre.

Si vous choisissez la richesse, déterminez-en la forme et le montant. On vous a fourni une carte routière qui, si vous l'étudiez attentivement, vous permettra de prendre la bonne route, celle de la richesse. Ne vous en prenez qu'à vous si vous négligez de partir ou si vous vous arrêtez en chemin. Vous n'avez plus aucune excuse maintenant de ne pas vouloir votre part de richesse ou de la refuser, car pour l'obtenir vous n'avez besoin que d'une seule chose (et comme par hasard c'est la seule que vous puissiez contrôler !) : un état d'esprit. Un état d'esprit est nécessaire, mais vous ne pouvez pas l'acheter ; il vous faut le créer.

Analysez la peur

La peur de la pauvreté a beau n'être qu'un état d'esprit, elle suffit à détruire toute chance de réussir dans une entreprise.

La peur paralyse la raison, détruit l'imagination, tue la confiance en soi, mine l'enthousiasme, décourage l'initiative, conduit à l'incertitude et pousse à l'hésitation. Elle efface toute personnalité, empêche toute pensée juste et détourne toute concentration vers l'effort. Elle chasse la persévérance, annihile la volonté, écarte toute ambition, obscurcit la mémoire et amène à l'échec. Elle tue l'amour, ruine les plus beaux sentiments, décourage l'amitié, attire les désastres, provoque l'insomnie, amène à la misère et conduit au malheur. Tout cela alors que tous les désirs sont offerts à chacun, sans autre obstacle à leur réalisation que l'absence d'un but précis.

La peur de la pauvreté est sans aucun doute la plus destructive des peurs et pour cela la plus difficile à vaincre. Elle provient de la tendance innée de voir dans l'autre une proie économique. Presque tous les animaux sont mus par l'instinct et ne voient donc dans leurs semblables que des proies physiques, faute de pouvoir penser. L'homme, doté d'un sens supérieur de l'intuition et de la raison, ne mange pas le corps de son semblable mais éprouve plus de désir à le «détruire» financièrement. il est si avare que toutes les lois ont été créées pour le protéger économiquement de son semblable.

Que d'humiliations et de souffrances la pauvreté ne traîne-t-elle pas dans son sillage ! Seuls ceux qui l'ont connue comprendront.

Rien d'étonnant à ce que l'homme craigne la pauvreté. Fort de la grande expérience dont il a hérité, l'homme a appris définitivement que l'on ne pouvait se fier à certaines personnes quand il s'agit d'argent et de biens matériels.

L'homme est si acharné à posséder des richesses qu'il n'hésite pas à se tourner vers des méthodes réprouvées et toutes celles qui sont légales ont échoué. L'analyse de soi met en lumière des faiblesses que l'on ne souhaite pas avouer, mais elle est indispensable pour obtenir de la vie autre chose que la médiocrité et la pauvreté. Souvenez-vous, quand vous vous examinerez point par point, que vous êtes à la fois la cour et le jury, le procureur et l'avocat, le plaignant et l'accusé; et qu'il s'agit d'un procès. Regardez les faits en face. Posez-vous des questions précises et répondez-y sans détours. Si vous doutez de votre impartialité, demandez à quelqu'un qui vous connaît bien de vous aider à répondre. Vous cherchez la vérité et vous devez la trouver, peu importe à quel prix, et même si cet examen peut se révéler embarrassant. Souvent, lorsque l'on demande aux gens, ce qu'ils craignent le plus, la plupart répondent qu'ils n'ont peur de rien. C'est faux, mais rares sont ceux qui se rendent compte qu'ils sont handicapés spirituellement et physiquement par une forme de peur. La peur est si subtile et si profondément ancrée qu'on peut la subir toute sa vie sans en être conscient. Seule une analyse courageuse peut aider à la dévoiler. Lorsque vous l'entreprendrez, fouillez bien votre caractère. Voici les signes que vous devez rechercher.

La peur de la pauvreté se manifeste par six signes

1. L'indifférence. Elle s'exprime fréquemment par le manque d'ambition, l'acceptation de la pauvreté, la paresse physique et mentale, et le manque d'initiative, d'imagination, d'enthousiasme et de maîtrise de soi.

2. L'indécision. La personne préfère que les autres décident pour elle.

3. Le doute. Il s'exprime généralement par la recherche de prétextes voulant couvrir, expliquer ou excuser les échecs ou par l'envie et la critique envers ceux qui ont réussi.

4. L'ennui. Il se manifeste par une tendance à rechercher les défauts des autres, à dépenser plus que son budget, à négliger son apparence, à bouder, à se renfrogner, et à verser dans l'intempérance qui engendre une extrême nervosité, un manque d'équilibre et un manque de connaissance de soi.

5. L'excès de prudence. Ne voir que le mauvais côté des événements ; penser à l'échec possible et en parler plutôt que de se concentrer sur les moyens de réussir ; connaître les voies qui mènent au désastre et ne pas chercher à les éviter; attendre le moment propice pour mettre en œuvre des idées et des plans et faire de cette attente une habitude. Se rappeler de ceux qui ont échoué mais non de ceux qui ont réussi ; ne voir que les trous dans le gruyère ; être le pessimiste qui digère mal, élimine mal, s'auto-intoxique et offre le spectacle d'un pitoyable état général.

6. L'ajournement. L'habitude de remettre au lendemain ce qui aurait déjà dû être terminé. Passer autant de temps à imaginer des excuses qu'à effectuer le travail. Ce symptôme révèle aussi l'excès de prudence, le doute et parfois l'ennui. Refuser certaines responsabilités. Préférer le compromis au

combat, s'accommoder des difficultés au lieu de les affronter. Marchander avec la vie plutôt que lui demander la prospérité, l'opulence, la richesse, la joie et le bonheur. Élaborer des plans de retraite dans l'éventualité d'un échec plutôt que couper les ponts derrière soi pour rendre la retraite impossible. Attendre la pauvreté plutôt qu'exiger la richesse. S'associer aux résignés plutôt qu'à ceux qui demandent et reçoivent la fortune.

«Juste un peu d'argent»

Certains lecteurs aimeraient peut-être savoir pourquoi j'ai écrit un livre sur l'argent. N'est-il riche que celui qui possède beaucoup de dollars ou d'euros ? N'existe-t-il pas d'autres formes de richesse tout aussi désirables ? Oui, il y a beaucoup de richesses qui ne peuvent être évaluées en dollars ou en euros, mais il existe aussi des millions de gens qui prétendent qu'avec «juste un peu d'argent» ils se procureront tout le reste.

J'ai écrit ce livre sur l'argent pour m'opposer à la peur de la pauvreté qui paralyse des millions de gens. Westbrook Pegler décrit bien les effets de cette peur.

«L'argent n'est qu'un disque de métal ou un morceau de papier qui ne peut pas tout acheter, par exemple les trésors du cœur et de l'âme. Les gens qui ont été vaincus oublient trop vite cette vérité et ne peuvent donc en nourrir leur esprit. Lorsqu'un homme n'arrive pas à trouver du travail, il en est affecté comme en témoignent l'affaissement de ses épaules, sa démarche et son regard. Lorsqu'il se trouve avec des gens travaillent, même s'il sait qu'ils sont moins intelligents et moins capables que lui, il ne peut échapper au sentiment d'infériorité. Ces gens, même ses amis, se sentent supérieurs à lui et le considèrent, peut-être inconsciemment, comme une victime. Il empruntera, mais insuffisamment pour continuer son train de vie d'avant et il ne pourra emprunter très longtemps. Emprunter pour ses besoins essentiels est une expérience déprimante et l'argent ainsi obtenu n'a certainement pas le pouvoir stimulant de l'argent gagné. Bien sûr, cette constatation ne s'applique ni aux épaves ni aux clochards, mais aux hommes qui se respectent et sont normalement ambitieux.

Un chômeur parcourt des kilomètres pour rencontrer un employeur éventuel. En arrivant, il apprend que la place est déjà prise, qu'il s'agit d'un travail rémunéré à la commission, qu'il porte sur la vente de colifichets dont personne ne veut et n'achète si ce n'est par pitié. Il sort et marche sans but. Il s'arrête devant les vitrines garnies d'objets de luxe qui ne sont plus pour lui. Lorsque des passants s'arrêtent près de lui, il se sent en état d'infériorité et s'éloigne. Pour se reposer, il entre dans une gare ou dans une bibliothèque où il s'assied et se chauffe. Mais ce n'est pas ainsi qu'il trouvera du travail. Alors, il ressort et se remet en quête, mais sans but précis. Il ne le sait pas, mais ce n'est pas ainsi qu'il trouvera ce qu'il cherche. Il est bien habillé pour avoir conservé en bon état ses vêtements d'un temps meilleur, mais il ne peut déguiser sa lassitude.

Il côtoie des milliers d'employés, de libraires, de pharmaciens, tous occupés dans leur travail, indépendants et respectables, et il les envie. Il n'arrive pas à se persuader qu'il est, lui aussi, un brave homme. Alors, il s'interroge, raisonne et, finalement, après des heures de réflexion, il arrive à une conclusion réconfortante : il lui manque «juste un peu d'argent» pour retrouver sa dignité.

La peur de la critique

Comment l'homme en est-il venu à craindre les critiques? Nul ne le sait. Tout ce dont on est sûr, c'est que cette crainte est fortement développée en lui.

Je suis tenté de voir dans cette peur fondamentale l'héritage héréditaire qui pousse l'homme non seulement à s'emparer des biens d'autrui mais, pour se justifier, à critiquer ses semblables. Il est bien connu qu'un voleur accusera celui qu'il dépouille et que les politiciens cherchent à gagner non pas en démontrant leurs qualités, mais en niant celles de leurs rivaux.

Les astucieux fabricants de vêtements ont vite compris l'intérêt de cette crainte de la critique. À chaque saison, la mode change, non pas sous la pression des acheteurs mais celles des fabricants. Et pourquoi changent-ils de mode si souvent? Parce qu'ils savent que les gens sont forcés de renouveler leurs garde-robes, redoutant trop d'être critiqués parce que démodés.

C'est pour la même raison que les constructeurs d'automobiles modifient chaque année leurs modèles.

Après la crainte d'être critiqués dans les petites choses de la vie, voyons maintenant ce qu'il en est dans les événements importants qui régissent les relations humaines. Prenons, par exemple, un individu qui a atteint l'âge de la maturité mentale (entre 35 et 40 ans, en moyenne). Si vous pouviez lire ses pensées les plus secrètes, vous sauriez qu'il rejette toutes les fables qu'on a voulu lui faire croire dans sa jeunesse.

Pourquoi donc le cacher et ne pas l'avouer ouvertement que toutes ces fables que sont que des sottises ? Uniquement par peur d'être critiqués. Hommes et femmes ont été brûlés vifs pour avoir osé nier l'existence des fantômes. Il n'est pas étonnant que nous ayons hérité de cette peur des critiques.

Elle enlève à l'homme toute initiative, détruit son imagination, limite son individualité, lui enlève toute confiance en soi et l'affaiblit de 100 autres manières. Les parents ne savent pas le mal qu'ils font à leurs enfants en les critiquant sans raison. La mère d'un de mes camarades d'enfance avait l'habitude de le punir en le frappant avec une badine, accompagné d'un : « Tu fêteras tes 20 ans au pénitencier !» À 17 ans, il fut envoyé dans une maison de correction.

La critique est si facile que l'on ne se prive pas de la dispenser, à commencer par les plus proches parents dont la langue est plus pointue. Faire naître chez une enfant un complexe d'infériorité en le critiquant sans raison valable devrait être assimilé à un crime (en réalité c'en est un et des pires). Les employeurs qui comprennent la nature humaine savent qu'ils peuvent obtenir bien plus de leurs employés par des suggestions constructives que par des critiques. Les parents doivent se comporter de même avec leurs enfants. La critique fait naître la peur ou le ressentiment, jamais l'amour ou l'affection.

Les comportements révélant la peur d'être critiqué

Cette peur est presque aussi répandue que celle de la pauvreté et ses effets sont tout aussi négatifs pour la réussite. Elle détruit l'initiative et décourage tout recours à l'imagination. Ses indices les plus importants sont :

1. Le manque d'assurance. La nervosité, la timidité dans la conversation et dans les relations avec des étrangers, par des mouvements maladroits des mains et des jambes.

2. Le manque d'équilibre. Inaptitude à maîtriser sa voix, nervosité en présence d'autres personnes, relâchement des attitudes corporelles, mémoire défaillante.

3. Le manque de personnalité. Incapacité à prendre des décisions fermes, aucun charme personnel, malhabileté à exprimer des opinions définitives, fuite devant les difficultés au lieu de les affronter, toujours d'accord avec les autres sans se donner la peine d'établir ses propres opinions.

4. Le complexe d'infériorité. Autosatisfaction de ses paroles et de ses actes pour cacher son sentiment profond d'infériorité ; emploi de grands mots (le plus souvent sans en connaître la signification) pour impressionner ; imitation des autres dans leur façon de s'habiller, de s'exprimer, de se tenir; revendication de succès imaginaires, ce qui ressemble parfois à un complexe de supériorité.

5. La prodigalité. Volonté de « mener le train de vie des Dupont» ce qui oblige à dépenser bien plus que son revenu.

6. Le manque d'initiative. Impossibilité de saisir les opportunités qui se présente, peur d'exprimer ses opinions, manque de confiance dans ses propres idées, réponses évasives aux questions posées par ses supérieurs, manque d'assurance dans son comportement et ses paroles, tromperies en paroles et en actes.

7. Le manque d'ambition. Paresse mentale et physique, tiédeur, lenteur à prendre les décisions, facilement influençable, critique des autres derrière eux et flatterie devant eux ; acceptation de la défaite sans protester ou abandon d'une initiative dès lors que les autres la condamnent; suspecter les autres sans cause; manque de tact dans ses paroles et ses manières ; refus de reconnaître ses erreurs.

Peur de la maladie

Cette peur peut être d'origine héréditaire ou culturelle. Elle est très proche de la peur de vieillir et de mourir, rapprochant, comme ces deux autres peurs, l'homme « de terribles mondes » dont il ne sait rien mais qui font l'objet d'histoires gênantes. L'opinion est assez répandue que certaines personnes immorales vendent « la santé » en entretenant la peur de la maladie.

En général, l'homme craint la maladie à cause de l'image terrifiante qu'on lui a inculquée de ce qui lui arrivera quand il mourra, et également parce qu'elle risque de lui occasionner de grosses dépenses.

Un médecin réputé estimait que 75 p. 100 de la clientèle des praticiens souffrent d'hypocondrie (maladie imaginaire). Il a été également prouvé que la peur de la maladie fait souvent apparaître des symptômes physiques que l'on redoute.

L'esprit humain peut autant construire que détruire

Tablant sur cette faiblesse très répandue qu'est la peur de la maladie, des fabricants de médicaments ont fait fortune. Cette forme d'imposture devint si importante il y a quelques dizaines d'années qu'une revue populaire mena une campagne contre quelques-uns de ses plus coupables supporters.

Des expériences effectuées il y a quelques années ont prouvé que les gens peuvent tomber malades par suggestion. Par exemple, on choisissait une « victime » et on mandait trois de ses amis de lui rendre visite à intervalles réguliers et de lui poser exactement la même question : « Qu'est-ce que tu as ? Tu me parais bien pâle ! ». La première fois, la victime répondait de manière distraite : « Non, non, je vais très bien ! » La seconde fois : «Je ne sais pas exactement, mais je ne me sens pas bien du tout ! » La troisième fois, elle répondait franchement qu'elle était très malade !

Vous pouvez effectuer vous-même cette expérience sur une de vos connaissances, mais ne la poussez pas trop loin.

Il n'est pas rare de voir la maladie commencer par des pensées négatives que l'individu crée lui-même ou qui lui sont suggérées par d'autres.

Un sage a dit un jour : « Lorsque quelqu'un me demande comment je me porte, j'ai toujours envie de lui envoyer mon poing dans la figure ! »

Les médecins conseillent souvent à leurs patients de changer d'air parce qu'un changement « d'attitude mentale » suffit à guérir certaines maladies. La peur de la maladie est comme une graine qui se nourrit de soucis, de peurs, de découragements et de déceptions amoureuses ou professionnelles pour germer et croître.

Les déceptions en affaires et en amour sont propices à la peur de la maladie. Après une déception amoureuse, un jeune homme dut être conduit à l'hôpital où il y resta plusieurs mois, oscillant entre la vie et la mort. Un psychothérapeute consulté ordonna aussitôt de faire venir au chevet du malade une ravissante jeune femme qui, dès le premier jour, se montrerait très empressée et amoureuse de son patient. En l'espace de trois semaines, il était guéri et sortait de l'hôpital, bien que souffrant d'une tout autre maladie : à nouveau il était amoureux et quelques mois plus tard il épousait sa ravissante infirmière...

La peur de la maladie et ses sept symptômes
Les symptômes de cette peur universelle sont :

1. L'autosuggestion. Utiliser l'autosuggestion de façon négative pour chercher et espérer trouver les symptômes de diverses maladies ; se « délecter » d'une maladie imaginaire et en parler comme si elle existait véritablement ; essayer tous les « trucs » et tous les remèdes « de bonne femme » recommandés par le premier venu ; parler en détail d'une opération, d'un accident ou d'une maladie ; suivre un régime, faire de la gymnastique, effectuer des cures d'amaigrissement sans contrôle médical, essayer des médicaments et des remèdes de charlatan.

2. L'hypocondrie. Ne parler que de maladie, y concentrer son esprit et attendre qu'elle se manifeste jusqu'à ce que survienne une dépression nerveuse. Aucun médicament ne peut guérir l'hypocondrie car elle provient de pensées négatives ; seules des pensées positives peuvent la chasser. L'hypocondrie, ou maladie imaginaire, est plus néfaste que la maladie redoutée. Une nervosité excessive relève souvent d'une maladie imaginaire.

3. L'indolence. La peur de la maladie décourage de tout exercice physique, entraînant avec le temps par un accroissement du poids.

4. La susceptibilité. La peur de la maladie détruit la résistance naturelle du corps et crée un terrain favorable à toutes sortes de maux. Elle se rattache à la peur de la pauvreté. C'est

le cas de l'hypocondriaque qui redoute la facture d'hôpital ou les honoraires du médecin. Les gens de cette sorte perdent beaucoup de temps à parler de la mort, à prévoir l'achat d'un emplacement au cimetière, les frais d'enterrement, etc.

5. Vouloir être dorloté. Chercher à s'attirer la sympathie en utilisant comme appât la maladie imaginaire (les gens ont souvent recours à cette astuce pour ne pas aller travailler !) ; simuler la maladie pour cacher la paresse ou le manque d'ambition.

6. L'intempérance. Prise d'alcool ou de narcotique pour étouffer des souffrances telles que maux de tête, névralgies, etc. au lieu d'en éliminer la cause.

7. Le souci. Lecture de tout ce qui se rapporte à la maladie, hantise de la contracter, lecture des annonces publicitaires pour des médicaments.

La peur de perdre l'objet de votre amour

Cette peur innée résulte d'une tendance masculine à la polygamie. L'homme s'accaparera sans scrupule la compagne de son meilleur ami ou, s'il en a l'occasion, se permettra des familiarités à son égard. La jalousie et les autres formes similaires de névrose proviennent de la peur de perdre l'être aimé. Cette peur est la plus douloureuse et qui, probablement, abîme le plus le corps et l'esprit.

Elle remonte sans doute à l'âge de pierre quand l'homme s'emparait brutalement de la femme convoitée. Aujourd'hui, l'homme recherche la même fin, mais avec d'autres techniques. Il persuade, charme, promet des toilettes, une belle voiture et des avantages bien plus efficaces que la brutalité. Depuis l'aube de la civilisation, les habitudes humaines n'ont pas changé. Elles s'expriment différemment, voilà tout.

Une étude minutieuse a révélé que les femmes, plus que les hommes, redoutent de perdre l'être aimé, ce qui s'explique aisément. Elles ont appris, souvent à leurs dépens, que la nature de l'homme est polygame.

Trois symptômes de la peur de perdre l'être aimé

1. La jalousie. Suspecter sans raison ses amis et ceux que l'on aime ; Accuser sans motif sa femme ou son mari d'infidélité, soupçonner tout le monde et ne faire confiance à personne.

2. La critique. Critiquer sans raison ses amis, ses parents, ses associés et ceux que l'on aime.

3. Le jeu. Jouer, voler, tricher pour obtenir l'argent à donner à ceux qu'on aime en croyant que l'amour s'achète; dépenser au-delà de ses moyens ou s'endetter pour donner des cadeaux à ceux qu'on aime afin de paraître sous un jour favorable ; l'insomnie, la nervosité, le manque de persévérance, la faiblesse de la volonté, le manque de maîtrise de soi, de confiance en soi, le mauvais caractère.

La peur de vieillir

La peur de vieillir donne à l'homme deux motifs de redouter le futur : comment se fier à un prochain qui le dépouillera et comment ne pas se laisser hanter par l'horrible évocation de l'au- delà?

Cette forme de peur est amplifiée par les risques de maladie et d'invalidité. L'érotisme y tient sa place, personne ne se réjouissant de la pensée d'un pouvoir sexuel diminué.

La peur de la vieillesse s'associent à celle de la pauvreté et à celle de perdre l'indépendance et sa liberté physique et économique.

Les quatre symptômes de la peur de vieillir

Les symptômes les plus courants sont:

1. Un ralentissement prématuré. La tendance à moins solliciter son corps et son esprit dès l'âge de 40 ans (l'âge de la maturité de l'esprit) et à développer un complexe d'infériorité en se voyant, à tort, fini.

2. Demander excuse pour son âge. Parler de son âge; S'excuser d'avoir atteint les 40 ou 50 ans, au lieu de s'en réjouir car c'est l'âge de la sagesse et de la compréhension.

3. Tuer toute initiative. Perte de toute initiative, imagination et confiance en croyant, à tort, qu'on est trop vieux pour les exercer.

4. Se déguiser en jeune homme. Adopter les vêtements et les manières des plus jeunes, avec pour résultat de se rendre ridicule aux yeux des autres, même s'ils sont des amis.

La peur de la mort

Pour certains, cette peur fondamentale est la plus cruelle de toutes. Les terribles angoisses ressenties à la pensée de la mort sont, dans la plupart des cas, chargées de croyance religieuse. Ceux que l'on appelle les « païens » ont moins peur la mort que nous autres « civilisés ». Pendant des milliers d'années, les hommes se sont posé des questions sans trouver de réponses : D'où venons- nous ? Et où allons-nous ?

À une époque, des escrocs proposaient d'y répondre moyennant monnaie.

« Viens sous ma tente, embrasse ma foi, accepte mes dogmes et je te donne un billet qui t'ouvrira le paradis immédiatement après ta mort», disait un adepte.

« Si tu ne viens pas, criait-il encore, le diable s'emparera de toi et te brûlera durant toute l'éternité. »

La pensée de l'éternel châtiment enlève tout intérêt à la vie et s'oppose à tout bonheur.

La biologie, l'astronomie, la géologie et d'autres sciences dissipent peu à peu ces peurs ancestrales.

Le monde se compose d'énergie et de matière, et ni l'une ni

l'autre ne peuvent être créées ou détruites, mais uniquement transformées. La vie est une énergie qui ne peut donc être détruite. Comme les autres formes d'énergie, elle connaîtra des phases de transition, de changement, mais non la destruction. La mort n'est donc qu'une transition.

Une transition vers quoi ? Vers un long, éternel et paisible repos. Devrait-on craindre le repos ? Non ! aussi pouvez-vous balayer de votre esprit la hantise de la mort.

Symptômes révélant la peur de la mort

1. Penser à la mort. Les personnes âgées pensent souvent à la mort, les jeunes bien plus rarement, sauf chez ceux qui ne cherchent pas à profiter pleinement de la vie. Ce comportement découle souvent de l'absence de but ou de l'incapacité de trouver (peut-être par manque d'idéal) une occupation adéquate. Le meilleur remède à la peur de la mort est un désir ardent d'agir et d'aider les autres. Celui qui est très occupé n'a pas le temps de penser à la mort.

2. L'association à la peur de la pauvreté. Craindre la pauvreté pour soi-même ou pour ceux qu'on aime alors qu'on ne sera plus là pour pouvoir faire quoi que ce soit.

3. L'association à la maladie ou au déséquilibre. La maladie physique peut mener à la dépression mentale. La déception amoureuse, le fanatisme religieux, une forte névrose ou la folie peuvent déterminer la crainte de la mort.

Le souci est une peur insidieuse

Se faire du souci est un état d'esprit qui relève de la peur. Il travaille lentement mais sûrement. Il est insidieux et subtil. Très progressivement, il « mine » jusqu'à paralyser le raisonnement, détruire la confiance en soi et empêcher toute initiative. Le souci est une forme de peur permanente motivée par l'indécision : Puisque c'est un état d'esprit, nous pouvons le contrôler.

Un esprit indécis n'est d'aucune utilité. La plupart des gens manquent de volonté pour prendre des décisions rapides et s'y tenir. Pourtant, c'est ainsi que les soucis s'envolent. J'ai interviewé un homme deux heures avant qu'il ne passe sur la chaise électrique. Il était le plus calme des huit condamnés de la cellule, ce qui m'incita à lui demander son sentiment lorsque l'on sait que l'on va mourir dans très peu de temps. Avec un sourire confiant, il me répondit : « On se sent bien, car maintenant je sais que mes ennuis vont se terminer. Je n'ai eu que ça dans la vie. J'ai toujours eu beaucoup de difficultés à me procurer de quoi manger et m'habiller. Bientôt je n'aurai plus à m'en préoccuper et vous voudriez que je ne me sente pas bien ? Depuis que je sais que je vais mourir, je fais bonne figure à mon destin. »

Délivrez-vous à jamais de la peur de la mort en l'acceptant comme un événement inévitable. Délivrez-vous de la peur de la pauvreté en décidant de devenir riche. Délivrez-vous de la peur de la critique en cessant de vous soucier de ce que les gens pourront penser, dire ou faire. Délivrez-vous de la peur de vieillir en acceptant la vieillesse comme une grande bénédiction porteuse de la sagesse, de la maîtrise de soi et de la compréhension qui manquent à la jeunesse. Délivrez-vous de la peur de la maladie en oubliant ses symptômes. Délivrez-vous de la peur de perdre l'objet de votre amour en acceptant de vivre sans amour, si cela est nécessaire.

Cessez de vous faire du souci à propos de tout et de rien ; Décidez une fois pour toutes qu'aucun événement de la vie ne vaut que l'on se tourmente pour lui. Vous gagnerez en équilibre, en tranquillité d'esprit et, indirectement, en bonheur.

Un homme qui a peur annule ses chances d'agir intelligemment et transmet ces ondes destructrices aux cerveaux de tous ceux qui entrent en contact avec lui, détruit ainsi leurs chances. Un chien ou un cheval sent quand son maître est angoissé en captant les ondes de peur qu'il émet. Il peut alors agir en conséquence.

Les pensées destructives

Les ondes de peur passent d'un esprit à l'autre aussi rapidement et sûrement que le son de la voix humaine passe de la station émettrice à votre poste de radio.

Celui qui exprime ses pensées négatives ou destructives par la parole risque fort de les voir faire choc en retour. Sans même l'aide des mots, les pensées suffisent à attirer les mauvais coups du sort.

Premièrement, et c'est très important, celui qui libère des pensées destructives brise son imagination créatrice. Deuxièmement, la présence de toute émotion destructive dans l'esprit développe une personnalité négative qui, loin de séduire les êtres, les repousse et souvent les rend hostiles. Troisièmement, les pensées négatives se logent dans le subconscient et finissent par s'intégrer au caractère.

Sans doute, aspirez-vous à but réussir. Pour cela, vous devez trouver la paix de l'esprit, répondre aux besoins matériels indispensables et surtout parvenir au bonheur. Toutes ces preuves de succès naissent dans vos pensées.

Vous pouvez contrôler votre propre pensée, la nourrir des idées que vous aurez choisies. Vous avez le privilège mais aussi la responsabilité de l'utiliser dans un but constructif. Vous êtes le maître de votre destinée terrestre aussi sûrement que vous détenez le pouvoir de maîtriser vos pensées. Vous pouvez directement ou indirectement influencer votre environnement et modeler votre vie à votre gré. Vous pouvez refuser ce privilège, vous soumettre à votre vie et vous jeter ainsi dans la vaste mer des « circonstances » où vous serez ballotté de-ci de-là comme une planche de bois sur les vagues de l'océan.

Excès de réceptivité

En plus de la peur fondamentale et de ses six manifestations, il est un mal dont tout le monde souffre. Il constitue un sol fertile pour les graines de l'échec qui y germent en abondance. Il est si subtil que souvent les gens ne le voient pas. Il se distingue des formes de la peur en ce qu'il est plus profondément ancré et plus souvent fatal. En attendant de lui trouver un meilleur nom, appelons- le « réceptivité aux influences négatives ».

Les hommes qui ont fait fortune se sont toujours protégés contre ce mal alors que les pauvres sont restés pauvres pour n'y être jamais parvenus. Ceux qui réussissent dans leurs entreprises ont dû apprendre à leur esprit à résister au mal. Si vous étudiez cette philosophie afin de faire fortune, examinez-vous très attentivement afin de déterminer si vous êtes ou non réceptif aux influences négatives. Ne négligez pas cette auto-analyse si vous voulez atteindre l'objet de votre désir.

Lisez les questions préparées à cet effet et répondez-y brièvement et sincèrement. Travaillez aussi sérieusement que si vous cherchiez à démasquer un ennemi qui vous a tendu un piège, et traitez vos erreurs en ennemis tangibles.

Vous pouvez facilement vous protéger des voleurs de grand chemin car la loi vous aide, mais non de ce « septième mal fondamental » qui frappe aussi bien lorsqu'on est endormi ou éveillé, sans que l'on ait repéré sa présence. De plus, son arme également n'est pas repérable : c'est un état d'âme. Il est dangereux parce qu'il frappe sous des formes très diverses et toujours différemment. Quelquefois, il entre en nous par les paroles bien intentionnées d'un parent ; d'autres fois, il vient de l'intérieur, à travers une attitude mentale qui nous est propre. Son poison est mortel, mais la mort n'est pas rapide.

Protégez-vous

Pour vous protéger des influences négatives provenant de vous-même ou de votre entourage, n'oubliez pas que vous disposez du pouvoir de votre volonté. Faites-le travailler jusqu'à ce qu'il élève autour de vous un mur de protection contre les mauvaises influences de votre propre esprit.

Reconnaissez que tous les êtres humains sont par nature paresseux, indifférents et réceptifs à toutes les suggestions qui flattent leurs faiblesses ; que vous êtes par nature réceptif aux six formes fondamentales de la peur et qu'il vous faut créer des habitudes qui s'opposeront à ces peurs ; que les influences négatives, bien qu'elles soient difficiles à détecter, agissent souvent sur vous par l'intermédiaire de votre subconscient ; n'ouvrez pas votre esprit aux gens qui vous dépriment ou qui vous découragent d'une manière ou d'une autre.

Mettez de l'ordre dans votre armoire à pharmacie. Jetez les tubes et les flacons et cessez d'être le serviteur complaisant de vos rhumes, maux de tête, douleurs et maladies imaginaires.

Attachez-vous uniquement à des gens qui vous poussent à réfléchir, à agir par vous-même.

Si vous vous attendez à des ennuis, vous en aurez.

Une faiblesse très fréquente chez l'être humain est de laisser son esprit ouvert à l'influence négative des autres. Cette faiblesse cause le plus de mal parce que la plupart des gens ne savent pas qu'ils en sont la victime, et beaucoup de ceux qui le savent négligent ou refusent de la corriger. Elle s'enracine finalement dans leurs habitudes quotidiennes.

Pour aider ceux qui désirent savoir qui sont-ils réellement, nous avons préparé une liste de questions. Lisez-la et répondez-y à haute voix pour vous entendre. Cela vous aidera à être sincère envers vous-même.

Prenez votre temps avant de répondre

• Vous plaignez-vous souvent de «ne pas vous sentir très bien»? Si oui, pourquoi?

• Désapprouvez-vous les autres à la moindre provocation?

• Faites-vous souvent des erreurs dans votre travail ? Si oui, pourquoi?

- Êtes-vous moqueur et agressif dans votre conversation?
- Évitez-vous intentionnellement l'association avec une personne quelconque? Si oui, pourquoi?
- Souffrez-vous d'indigestion ? Si oui, en connaissez-vous la cause ?
- La vie vous semble-t-elle inutile et votre avenir vous paraît-il sans espoir?
- Appréciez-vous votre travail ? Si non, pourquoi ?
- Vous lamentez-vous souvent sur vous-même ? Si oui, dans quel cas et pourquoi ?
- Jalousez-vous ceux qui réussissent mieux que vous ?
- À quoi réfléchissez-vous le plus : au succès ou à l'échec ?
- En vieillissant, avez-vous plus confiance en vous ou moins ?
- Qu'avez-vous appris de vos erreurs ?
- Laissez-vous un parent ou une connaissance vous importuner? Si oui, pour quelle raison?
- Êtes-vous parfois au comble de l'exaltation et à d'autres moments dans le désespoir le plus profond ?
- Qui a le plus d'influence sur vous — bonne cette fois ? Pourquoi ?
- Supportez-vous les influences négatives ou décourageantes que vous pourriez éviter ?
- Négligez-vous votre apparence physique ? Si oui, quand et pourquoi ?
- Avez-vous appris à noyer vos ennuis dans un travail qui vous préoccupe trop pour vous laisser le temps d'y penser ?
- Jugeriez-vous que vous êtes un faible si vous laissiez les autres penser à votre place ?
- Combien avez-vous de sources d'ennuis que vous auriez pu éviter et pourquoi les supportez-vous ?
- Utilisez-vous l'alcool, des narcotiques ou le tabac pour « calmer vos nerfs » ? Si oui, pourquoi n'essayez-vous pas le pouvoir de votre volonté ?
- Êtes-vous harcelé ? Si oui, pour quelle raison ?

- Avez-vous un but bien précis ? Si oui, quel est-il et quel est votre plan pour l'atteindre ?
- Pâtissez-vous de l'une des six principales manifestations de la peur ? Si oui, de laquelle ou desquelles ?
- Avez-vous une méthode pour ne pas être atteint par les influences négatives des autres ?
- Recourez-vous à l'autosuggestion pour rendre votre esprit positif?
- Qu'est-ce qui a pour vous le plus de prix? Vos biens matériels ou le pouvoir de contrôler vos pensées ?
- Êtes-vous plus facilement influencé par les autres que par votre propre jugement?
- Qu'avez-vous ajouté à vos connaissances ou à votre état d'esprit aujourd'hui?
- Affrontez-vous vos sources de malheur ou les fuyez-vous?
- Cherchez-vous à tirer une leçon profitable de vos erreurs et de vos échecs ou pensez-vous que cela ne sert à rien ?
- Pouvez-vous citer trois des faiblesses qui vous coûtent le plus ? Que faites-vous pour ne pas y succomber ?
- Incitez-vous les autres à vous relater leurs ennuis ?
- Puisez-vous dans votre expérience quotidienne les leçons ou les influences qui aideraient à votre avancement personnel?
- En règle générale, votre présence exerce-t-elle une influence négative sur les autres ?
- Quelles sont les habitudes qui vous ennuient le plus chez les autres ?
- Construisez-vous vos opinions ou laissez-vous les autres vous influencer?
- Avez-vous développé un état d'esprit qui vous protège contre les influences déprimantes ?
- Tirez-vous foi et espoir de votre occupation?
- Savez-vous que vous possédez des forces spirituelles dont le pouvoir suffit à garder votre esprit de toute forme de peur?
- Votre religion vous aide-t-elle à garder un état d'esprit positif?

• Pensez-vous qu'il soit de votre devoir de partager les tracas des autres? Si oui, pourquoi?

• Si vous croyez que «qui se ressemble s'assemble», qu'avez-vous appris sur vous-même en regardant les amis que vous avez choisis?

• Voyez-vous une relation entre les gens avec qui vous êtes le plus lié et un malheur qui vous est arrivé ? Laquelle ?

• Pensez-vous que celui que vous considérez comme votre ami puisse être en réalité votre pire ennemi par l'influence négative qu'il a sur votre esprit?

• Quel est votre critère pour décider de ce qui vous est utile et de ce qui ne l'est pas ?

• Vos associés en affaires sont-ils intellectuellement supérieurs ou inférieurs à vous ?

• Dans une journée de 24 heures, combien de temps consacrez-vous à:

     - votre profession ;

     - votre sommeil ;

     - vos loisirs et moments de détente ;

     - l'acquisition de connaissances utiles ;

     - na rien faire du tout.

Qui parmi ceux que vous connaissez :

     - vous encourage le plus ;

     - vous recommande le plus à la prudence ;

     - vous décourage le plus.

• Quelle est votre principale préoccupation? Pourquoi l'acceptez-vous ? Quand on vous transmet un avis désintéressé et non sollicité, l'acceptez-vous sans poser de questions, sans connaître les motifs qui l'ont suscité ? Que désirez-vous le plus au monde? Avez-vous l'intention de l'obtenir? Êtes-vous décidé à subordonner tous vos autres désirs à celui-là. Combien de temps par jour consacrez-vous à son acquisition? Changez-vous fréquemment d'avis ? Si oui, pourquoi ?

• Généralement, finissez-vous tout ce que vous avez commencé ?

• Êtes-vous facilement impressionné par les titres, le rang professionnel, les diplômes ou les richesses des autres ?
• Êtes-vous sensible à ce que les autres pensent et disent de vous ?
• Vous intéressez-vous aux gens pour leur position sociale et financière ?
• Quel est à votre avis le plus grand personnage vivant de notre époque ? En quoi cette personne vous est-elle supérieure ?
• Combien vous a-t-il fallu de temps pour comprendre les questions et y répondre? (Il vous faut au moins un jour.)

Si vous avez honnêtement répondu, vous vous connaissez mieux que la plupart des gens ne se connaissent. Analysez soigneusement vos réponses ; pendant plusieurs mois, relisez-les une fois par semaine et vous serez étonné des connaissances précieuses acquises par cette simple méthode. Si vous hésitez sur quelques réponses à donner, demandez conseil à ceux qui vous connaissent bien, notamment à ceux qui n'ont aucun motif de vous flatter, et voyez-vous à travers leurs yeux. L'expérience est stupéfiante.

La différence apportée par le contrôle de l'esprit

Vous n'avez de contrôle absolu que sur vos pensées et cela prouve la nature divine de l'homme. Cette faculté est votre seul moyen pour influer sur la destinée. Sans le contrôle de votre propre esprit, vous pouvez être sûr que vous n'arriverez jamais à maîtriser quoi que ce soit. Si vous devez choisir quoi négliger, choisissez vos biens matériels. Votre esprit est votre bien spirituel ! Protégez-le et utilisez-le avec tout le soin que requiert son origine divine. Vous avez reçu pour cela un pouvoir, celui de la volonté.

Malheureusement, il n'existe pas de loi pour protéger contre ceux qui, intentionnellement ou par ignorance, empoisonnent l'esprit des autres par des suggestions négatives. Cette forme de destruction devrait être très gravement punie parce qu'elle peut ruiner, et souvent elle le fait, les chances de chacun à acquérir des biens matériels.

Des gens d'esprit négatif essayèrent de persuader Thomas A. Edison qu'il était impossible de construire une machine capable d'enregistrer la voix humaine puis de la reproduire, «parce que, disaient-ils, personne n'y a encore jamais pensé ». Edison ne les écouta pas. Il savait que son esprit pourrait engendrer n'importe quel objet conçu par lui et auquel il croirait. Cette connaissance lui permit de s'élever au-dessus du commun des mortels.

Des gens à l'esprit négatif prédirent à F. W. Woolworth qu'il irait à la ruine s'il ouvrait un magasin d'articles «bon marché». Il ne les écouta pas. Conscient de son droit, il ferma son esprit aux suggestions négatives et gagna plus de 100 millions de dollars.

Des sceptiques ricanèrent lorsque Henry Ford essaya dans les rues de Détroit la première automobile, alors très sommaire. D'autres dirent que «cette machine» ne se vendrait pas ou qu'elle ne valait pas un sou. Ford rétorqua : «J'inonderai la terre d'automobiles.» Il tint parole. À ceux qui aspirent à la fortune, je rappellerai la différence, à retenir, entre Ford et la plupart des gens : Ford savait qu'il avait un cerveau et voulait le contrôler ; Les autres savent qu'ils ont un cerveau, mais n'essaient pas de le contrôler.

Le contrôle de l'esprit est le résultat de l'autodiscipline et de l'habitude. Ou vous contrôlez votre esprit ou c'est votre esprit qui vous contrôle, mais il n'y a pas de catégorie intermédiaire. Prenez l'habitude de l'occuper dans un but précis, avec un plan défini. Étudiez la vie d'un homme qui a réussi et vous verrez qu'il ne procède pas autrement.

Le recours aux excuses
Les gens qui ne réussissent pas vous diront qu'ils

connaissent les raisons de leurs échecs et s'empresseront de les justifier par des excuses irréfutables. Du moins le croient-ils.

Certaines de ces excuses sont intelligentes, mais fort peu sont créditées par les circonstances. Les excuses n'ont jamais fabriqué l'argent et le monde ne s'intéresse qu'à la victoire.

Voici une liste des excuses les plus couramment ramenées. Faites votre examen personnel et déterminez celles que vous avez coutume d'utiliser. Rappelez-vous que la philosophie que développe ce livre les réfute toutes.

J'ai une femme et des enfants...

Je manque de courage...

Je manque d'argent...

Je manque d'instruction...

Je n'ai pas de travail...

Je n'ai pas la santé...

Avec un peu plus de temps...

La situation est mauvaise...

Personne ne me comprend...

Dans des circonstances différentes...

Dans une autre vie...

Que vont dire les gens...

Personne ne m'a donné ma chance...

Personne ne me donne ma chance...

Tout le monde m'en veut...

Si rien ne m'avait arrêté...

Avec quelques années de moins...

On ne me laisse pas faire ce que je veux...

Je ne suis pas né dans la richesse...

Si je pouvais rencontrer un tel...

Avec le talent de certains...

Je ne sais pas me mettre en avant...

Je n'ai pas su profiter des occasions passées...

Les gens m'énervent de trop...

Je dois garder la maison et m'occuper des enfants...
Je n'arrive pas à mettre de l'argent de côté...
Mon patron ne me remarque pas...
Je n'ai personne pour m'aider...
Ma famille ne me comprend pas...
Peut-être qu'en m'installant dans une grande ville...
J'ai juste besoin d'aider pour commencer...
Je ne suis pas libre...
Je n'ai pas la personnalité d'untel...
Je suis trop gros...
Mon talent n'est pas reconnu...
Je ne trouve pas la bonne idée...
Je dois d'abord régler mes dettes...
Sans cet échec...
Je n'ai pas su comment...
Certaines personnes me mettent les bâtons dans les roues...
J'ai trop de soucis...
Je n'ai pas épousé la femme qui me fallait...
Les gens sont trop bêtes...
Ma famille est trop extravagante...
Je manque de confiance en moi...
La chance a été contre moi...
Je suis né sous une mauvaise étoile...
Que puis-je faire ? « Ce qui doit être sera»...
Je travaille trop dur...
J'ai perdu tout mon argent...
Si je vivais dans un autre milieu...
Mon « passé» me poursuit...
Je n'ai malheureusement pas de commerce...
Personne ne veut m'écouter...

Je manque du courage de me voir tel que je suis réellement, car si je l'avais, je trouverais ce qui ne va pas en moi
et j'y remédierais. Je pourrais alors profiter de mes erreurs et
tirer un enseignement des expériences d'autrui. Je ne serais
pas là où je suis aujourd'hui si j'avais passé plus de temps à

analyser mes faiblesses et moins de temps à leur chercher des excuses.

L'habitude tue le succès

Justifier un échec par des excuses est un jeu national ! Cette habitude, aussi ancienne que l'espèce humaine, tue le succès.

Imaginer des excuses est une habitude fortement enracinée.

Les habitudes sont difficiles à briser, notamment quand elles veulent justifier des actes. Platon y pensait lorsqu'il disait: «La première et la plus belle victoire de l'homme est la conquête de soi. Être conquis par soi-même est la chose la plus honteuse et répugnante qui soit. »

Un autre philosophe avoua : «Je fus très surpris de découvrir que la plupart des laideurs que je voyais chez les autres n'étaient que les laideurs de ma propre nature ».

« Certaines personnes restent pour moi un grand mystère », expliqua Elbert Hubbard, « ce sont celles qui se trompent et consacrent beaucoup de temps à préparer leurs excuses. Qu'elles consacrent ce temps à vaincre leurs faiblesses et elles n'auront plus besoin d'excuse ».

Avant de terminer, je voudrais vous rappeler que si la vie ressemble à un échiquier et que c'est vous qui jouez contre le temps. Que vous hésitiez à d'agir ou que vous négligiez d'agir promptement, et déjà vos pièces sont balayées par le temps. Vous jouez contre un adversaire qui ne tolère aucune indécision. Jusqu'à présent, vous aviez, peut-être, une excuse pour accepter que la vie ne vous donne pas ce que vous lui demandez, mais votre excuse ne vaut plus rien, car vous possédez dorénavant la clé de la richesse.

Cette clé est intangible mais toute-puissante. C'est le pouvoir de forger en votre esprit, stimulé par un ardent désir, une forme définie de richesse. Si vous utilisez cette clé, aucune sanction ne sera prise contre vous. Si vous ne l'utilisez pas, vous risquez d'avoir à le payer. Si vous vous en servez, une belle récompense vous attend : La satisfaction de celui qui se maîtrise et contraint la vie à lui donner ce qu'il lui demande.

La récompense vaut bien un effort de votre part. Faites cet effort et vous en serez plus vite convaincu.

«Si nous avons des points communs, a dit l'immortel Emerson, nous nous rencontrerons. » Puis-je ajouter et dire : « Si nous avons des points en commun, nous nous sommes rencontrés à travers ces pages. »

LECTURES RECOMMANDÉES

L'homme le plus riche de Babylone / The Richest Man in Babylon (French Edition) by George S. Clason

Le plus etrange des secrets / The Strangest Secret (French Edition) by Earl Nightingale

Un abrégé du livre: Comment gagner des amis et influencer les personnes (French Edition) by Dale Carnegie (Author)

www.bnpublishing.com

Milton Keynes UK
Ingram Content Group UK Ltd.
UKHW020637181124
2908UKWH00006B/29